塔羅解讀入門課

上萬個案經驗集結，
來自安妮奇異星球的內在指引練習

馮珍萱（安妮）

HEALING TAROT FROM ANNIE'S ANIMAL PLANET

各界好評

　　初次見到安妮是在上班的占卜工作室，她給我很強烈的印象，個子小小的，帶著很吸引眼球的造型耳環，俏麗的短髮，正坐在她的座位上敲打著筆電在寫文章。因為安妮在塔羅業界已經有知名度了，而我當時還只是第一天上班的占卜師，我膽怯的問候一聲，當時心想她可能不太會理我。沒想到，她親切的笑容，爽朗的一聲「嗨豆苗你好，我是安妮」，瞬間拉近了彼此距離。

　　這就是我對安妮的第一印象。

　　我們雖然同為占卜師，但風格截然不同，她的占卜很有力量，同時也能透過文字的力量帶給別人滿滿的療癒，我也是受惠者之一，會固定會收看她的頻道（笑）。

　　她也是我非常敬佩學習的前輩之一，安妮對牌卡的解讀，除了有很清楚的邏輯架構外，她總能從塔羅牌中看到別人無法看到的細節，再給予我們更多的建議與思路。當我對一些解讀卡關，請教她時，她不會吝嗇的指導我，還能帶給我更創新的解讀方向。

　　當她在占卜時，總是可以給人既清楚又一針見血的建議，但又能溫柔給予你療癒的方向，沒有模糊地帶，直接告訴你糾結的地方，同時她也會讓妳知道，占卜結果是個建議，但是掌握未來的還是自己。所以即便我也是占卜師，但當我自己卡關無助時，找她抽牌，一定可以帶給我清楚方向的建議，同時解惑我卡住的問題。

　　如果你想學習塔羅牌卡，對於外面琳瑯滿目的工具書看到頭昏腦脹，有選擇障礙時，安妮的書絕對是你第一首選。因為安妮有十幾年豐富的占卜經驗，在她的牌卡解析中，不會像是參考書一樣，就是那幾套講法，解

讀方向也固定，遇到不同問題實在會讓人卡住。

　　她的實戰經驗，能夠讓你清楚搞懂塔羅那些細節上的解讀，更加清楚的進入塔羅的領域，慢慢引導你建立清楚的邏輯思維。看完她的書，對你的啟蒙幫助一定很大，是值得你帶回家珍藏的一本好書。

豆苗

　　和安妮老師是非常久的舊識，也是看著她從初出茅廬到現在爐火純青的專業，安妮是感性且共感度高的人，當初憑著自身對占星及塔羅的興趣，開始摸索及自學，興趣加上天賦，而且花非常多的時間在鑽研，很快便能夠為身旁人解惑，給予的建議及方向也相當讓人放心，爾後為了能更快速的成長，每天通勤到台北的塔羅工作室歷練，期間老客戶預約不斷，也參與了每個客戶朋友人生成長的酸甜苦辣。

　　當然，多數來尋求安妮解惑的人，通常是己身遇上困境的居多，每每當個傾聽者，並且提供建議後，安妮也需要自主調節一段時間，畢竟她是個共情的人，低迷的能量場時常讓她需要好好沉澱。出國獨旅和繪畫，便是她排解抒發的祕方，一段時間安排走走看看，不僅淨化心靈，更能提升視野。也因此才有此發想，更是努力寫了這本書，一張一張的畫出安妮眼中的塔羅世界，讓所有想從塔羅中找到自我的人，能透過本書的力量，學習成長蛻變成更好的自己。

　　我很喜歡這本書，這不僅是一本塔羅工具書，也是安妮成長的歷程，與你們分享。

喵喵店長

安妮是一位將初心融入生活、真誠陪伴每一個人的朋友。

從我們認識的那一天起，我便深深被她的認真負責的心所打動。那時的她剛從大學畢業，為夢想走上插畫和塔羅這條路。最初的相識是我邀請她為朋友的店畫插畫，看著她夜以繼日地努力、全心投入，才明白她的執著並不僅是才華，而是一顆真誠的心。

隨著時間推移，我們成了好朋友，也陪伴彼此走過了不少日子。有段時間，我會陪她一起到創意市集擺攤，賣她的畫和塔羅占卜。那些日子，雖然收入微薄，但每一個微笑、每一次專注的解讀，都讓我們由衷地滿足和喜悅。

安妮的塔羅，不僅是單純的預測未來，而是給人帶來力量和支持。每當她細心解讀塔羅牌，她的溫暖和真誠總能讓人感到一絲撫慰，即便處在人生的低谷，也能找到一點希望。

這一路以來，她付出了很多，也走得很辛苦，但從未停下學習的腳步。為求更進步，她苦心鑽研星盤、紫微斗數、易經，甚至彩油療癒，只為給每位來到她身邊的人更多支持和療癒。我這一路見證她的成長，深知這本書的誕生對她來說意義非凡。當她告訴我有人邀請她出書時，我的內心激動得無法用言語形容，這是她用心走過的每一步，是無數心血和堅持的見證。

如今，這本占卜書讓更多人有機會了解安妮，感受到她溫暖而堅定的力量。我由衷祝福安妮，希望她未來的路上，能有更多人因她的文字和占卜找到平靜與勇氣。

我相信，安妮星球的光芒會照亮更多人。

Claire

人們都說無論在多黑暗的世界裡，總會有那麼一絲絲希望撐著你繼續向前進，那安妮就是我十年前的那道光。

　覺得自己很幸運，在踏進塔羅世界的時候，第一個遇到的占卜師是安妮。除了給予我專業建議，我在安妮身上獲得更多的是耐心和包容。她陪我一步一步從混亂的思緒中，找到往前走的道路，將我從各種鬼打牆的想法裡拉出來，對那時候的我而言，好像無論有什麼疑問，只要向她求助就會得到答案；不管是什麼困難的事情，有她和她身上的塔羅牌，就能幫我看見那些未知的未來。

　某種程度上安妮成為了我當時的心靈寄託，除了占卜之外，吸引我靠近她最大的原因是，她是一個很真實的女孩。她不客套，也不會為了安慰妳就說一些毫無幫助的好聽話，會用客觀的立場、客觀的角度，甚至是用嚴厲的態度向你表達，什麼才是對自己有幫助的事情。

　而就在這些相處的過程裡，原本只是占卜師和客戶的關係升華成了友誼，這是一段很特別的緣份。看著她越來越好，突然有點懷念起以前占卜的小小地下室，我們的起點。

　文字會給人力量，在她身上更是印證了這句話，她的語言和圖畫就像是寶藏，只要願意，就能從中挖掘出各種意想不到的驚喜，並且一起感受到她想傳遞給每個人的溫暖和愛，這就是她所擁有的神奇能力，她是仙菇，安妮。

喬

　認識 Annie 老師應該有六年以上，雖然最近這一年老師很少有空，但是對於我來說老師的說明永遠簡單直接，沒有漂亮的修辭，只有充滿真實

的敘述；沒有閃閃躲躲的回應，只有簡簡單單的正面回應，對於一個在當下充滿疑惑或是迷惘的人，老師無疑是最棒的引導者，不論是好壞，都可以用最直接的態度去面對。

大部分人在有困擾或人生重大問題要面對的時候，都希望聽到好的話語，但是好的話語是真實的嗎？好的話語真的能幫到我們嗎？人生只有坦然的真實面對，那麼最壞的情況就會帶來最好的結果，安妮就是每次我迷惘時，讓我認清現實、再次出發的神奇塔羅老師！

聽聞老師要出書，並被邀請寫推薦，實在覺得太受寵若驚，但是也希望這種真實的力量，可以幫助到每一個在生命迷惘困惑階段的你或妳，可以更直面你的人生，重新找回動力而出發，如果是想投入塔羅行業的朋友，希望你們也帶給更多人真實的力量，人不是完美的，但是因為不完美，人生才會完美。

Joesph

我其實是個非常愛算命的人，不管是北中南部，只要有人推薦說哪個老師很準，不論價錢幾百到上萬，我都會去找他占卜。所以在沒有遇到安妮之前，我是沒有固定老師在占卜的。（有點微渣的感覺。）一開始也沒有太常找安妮，只是某次無聊報名了星座課程，突然發現這老師跟其他人不一樣，每次聽她說話時，都有種莫名被療癒的感覺。就這樣後面又陸陸續續報名了好幾堂課。

兩年前，我遇到人生最崩潰的事情，被身邊的人陷害、背叛，面對各種抹黑及網路霸凌，又因為工作關係，不得已要面對那些傷害我的人，每天都噁心反胃，甚至與同事說話都會發抖。當時我就像在大海迷失方向的一隻船，喪失志氣，沒有目標，每天活在內耗及恐懼之中，而安妮就是我的羅盤，在航行中指引我方向，帶給我人生希望。

在這期間，我也試過找其他老師占卜，但都沒有給我起太大作用。只有在安妮這裡，她除了幫助我以外，還鼓勵我、指引我，讓我慢慢相信自己。

　　嚴格來說，整個煎熬的過程都是安妮陪我走過的，除了占卜以外，每天看安妮星球 YT 頻道，不停的接受正能量，甚至好幾個夜晚都是聽著安妮的聲音睡著的。如果當天又發生一些讓我焦躁不安的事情時，我就會回去反覆看安妮寫給我的內容，穩定情緒。慢慢，我的情緒價值被滿足，也找回自信。

　　安妮在我內心裡是個很特別的存在，她不僅僅是占卜師，也是心靈療傷師，就算不用見面，也能被她的文字溫暖。希望未來新認識的朋友們，看完這本書，也可以好好感受，這位用心在傳遞正能量的老師。

Momo

Contents

各界好評 ──────── 002

作者序 我想當一個不認命的塔羅占卜師 ─── 011

Chapter 1 為什麼要學習這套系統 ──── 015

Chapter 2 大阿爾卡納 ──────── 017
　　　　　　大牌練習答案 ─────── 085

Chapter 3 小阿爾卡納 ──────── 091

Chapter 4 宮廷人物牌 ──────── 175

Chapter 5 占卜準備及牌陣 ────── 213

Chapter 6 新手占卜師練功區 ───── 221

作者序

我想當一個不認命的塔羅占卜師

　　塔羅之於我，是一整個青春，是一個長大的過程，大學時因為失戀，朋友拉著我去塔羅占卜，占卜完當下，我發現這世界上居然有人這麼理解我，後來又自己預約了一次，相對於上次失戀的失魂落魄，這次對塔羅牌升起一股很大的興趣，當占卜師解讀「女祭司」這張牌卡時，我內心湧上一個答案，居然下一秒占卜師口中就說出一樣的答案，那刻，「女祭司」喚起了我對塔羅的熱情，當時我大一的暑假正開始。

　　十年前那個年代，買塔羅書和塔羅牌卡都沒有現在這麼方便，我用盡身上的零用錢買下一堆塔羅書和自己的第一副牌卡，整個大一暑假，我把自己浸泡在塔羅的世界，很神奇的是，一個月後在似懂非完全懂的情況下，我半推半就跟身旁的人說，「我現在在學塔羅占卜，你要不要占卜看看？」幸好，我身旁的朋友們都願意嘗試，也給了我一些正向回饋，塔羅牌幫我開啟了一段外交之旅，那也是我人生第一次在找到了認同感，畢竟在教育制度下，每場考試都失利的自己，自信似乎被消耗得蕩然無存，如今想想，要感謝那場失戀。

　　大學主修傳播與設計，我一直認為自己畢業後就要往設計的道路前進，占卜被我放在人生的一個小抽屜裡。那時候臉書剛興起，會固定發文，也滿順利在一些平台寫大眾占卜，畢業後開始工作，卻總覺得工作少

了些什麼，一天我看到有店家「誠徵占卜師」，內心鼓起了很大的勇氣，從面談、面試一路都很順利，馬上開始了全職占卜師的生涯。先前才在某間公司當工讀生，約莫三個月的時間，一切就進入下一個篇章了。

　　在占卜店遇到很多占卜師同事，也加入大家一起學習進修的行列，雖然學了許多傳統命理的課程，但「塔羅占卜」在我心中，一直是不那麼「命定」。但在占卜店的氛圍、為客戶占卜的過程中，我才驚覺，原來大家都在占卜、命理中尋找答案，當時的老闆也要求我「必須很準，不然我存在的價值是什麼？」，但很準，真的能協助客戶嗎？那時候我總跟客戶說：「你的命運就這樣被講完了，難道不會不甘心嗎？」我想那是一份對於占卜的年輕氣盛，和我對命運的不認命。

　　「在給予命定答案和必須神準」的占卜店中輾轉待了四年，遇見了上萬個客戶，如今想想，能遇到這麼多人，真是萬分感謝，但我內心對於塔羅、占卜、命運有更多渴望，渴望在占卜中尋找一個在神準之外的可能性，讓我、讓客戶看到希望、接住自己。於是我遇到英國靈性彩油 Aura Soma 系統，也進修了整套課程，但過去的我習慣進修完，就會把進修來的東西放進客戶的對談中，而這次似乎不太一樣。在二○二○至二四年間，彩油讓我重新檢視自己與塔羅的關係，原來我可以不用當一個只能神準的占卜師，我也可以協助客戶釐清當下，或是接納客戶當下的情緒，給予動力繼續向前。原來我的不認命是因為想透過占卜、塔羅，進行更多想法上的轉念，謝謝那個不認命的自己，因為我終於明白我藏在心中真正的占卜核心價值，是帶給我自己希望、以及帶給他人平靜與思考、轉念的機會。

　　十九歲到三十二歲的人生，在躁動的青春時光裡，塔羅牌沒有缺席。那些對生活的迷惘、對愛情的敢愛敢恨，我都用塔羅去探索內心深處在想些什麼，這是一場生命的實驗，實驗塔羅落實在生活裡究竟會活成怎樣，十分有趣，至少現在的我，為那個「曾經不認命、不夠了解自己的我」找到了核心價值。

現在我在許多時刻還是會茫然，依然會為自己抽一張牌。但十九歲的我看到「塔」，內心會覺得完蛋了，而如今的我看到「塔」，會覺得是一個自我解套的時刻到了。

　　願學習占卜、學習塔羅的我們，都能在這個世界中，多了一份對自己的觀察與體會，但記得一切慢慢來，在未來，我想我仍然會抱著萬分的自信去熱愛著塔羅、熱愛著占卜與神祕學。

　　這次也會一起出版的之前繪製的塔羅牌卡，當初其實是很想重新繪製新的版本，但覺得時間有些來不及，聽了編輯阿尼的建議，採用已經完成的版本。在整理這些一筆一筆繪製的牌卡時，心中有許多感動，比如我最喜歡的金幣5，原版的金幣5是一張看似落魄的牌，但在我心中卻是粉紅色，兩隻貓貓手拉著手，因為我內心想著，即使在最艱困的時期，在我們的生命中，都會有一個人可以接住我們，也希望大家透過每張牌卡，看見希望，看見新的可能。

馮珍萱（安妮）

二〇二四年八月十八日　凌晨五點零八分

Chapter 1 為什麼要學習這套系統

綜觀這十年，身心靈產業變化相當大，過去一副牌卡只能透過書店、網拍購買，現在有選不完的牌卡和神諭卡，一方面覺得滿開心，可以看到自己從事的產業正在蓬勃發展，一方面有些擔憂，思考著身心靈與占卜之於我們世界究竟存在什麼意義？

今年過年前我想為自己添購一些新衣服，走進店家的時候，工作人員就對我十分好奇，可能是刺青比較多，於是問了我的工作，我很直覺回答占卜師，對方居然跟我說：「不要告訴我，我的未來。」我只回應他：「現在是我的下班時間，我只想好好買衣服。」內心雖然知道對方可能是開玩笑，但也驚覺，沒想過這份工作居然給人的第一印象是「可怕的未來」，但真的是這樣嗎？

在學習占卜的過程中，一開始難免會遇到所謂的好牌與不好的牌，這是一件很直覺、直觀的事情，但隨著時間推演，我們會慢慢發現，占卜是為了讓我們心來到這個當下，去面對此刻真切的問題，透過誠實的面對自己，做出選擇、調整自己，或是接納這些情緒，有些事情就在潛移默化中改變了，並能夠回到我們的生命、我們的靈魂，每個靈魂都渴望活出自己真實人生的目的、幸福與快樂。所以占卜不是為了讓自己多準確地預知未來，而是透過當下的「覺知」、「牌卡的提醒」，讓我們有改變的機會。

舉例來說，我曾在建議牌的位置抽到女祭司逆位，女祭司的逆位有種情緒狂亂、內心波動很大的狀態，這就成了一個提醒，可能是我當下的狀態，可能是我在面對問題時習慣的狀態，那我可以告訴自己，情緒波動是正常的，或許此刻找人聊聊或是找方法釋放這些情緒，等待情緒平靜後，再為自己做決定也不遲，所以占卜帶來「心」的照顧方法，也讓自己在生命中有新的選擇權。

♥ Chapter

大阿爾卡納

　　大阿爾卡納又簡稱大牌，接下來的篇幅都用大牌稱呼。

　　大牌從 0 號愚者開始到 21 號世界結束，總共經歷了二十二張牌，而這二十二張牌就像人生序列一樣，我們會像魔術師一樣創造，我們會走上戀人的戀愛之路，我們會開啟命運之輪。

　　走向人生不同的階段，或是遇到心中的惡魔該如何跨越，每張大牌都蘊含各種寓意、可能性，而大牌的每次出現，都象徵著人生的課題、人生的禮物，每張牌都能讓我們重新檢視當下，從心發現。

　　一起開啟大牌的人生之路吧，記得，抱持著覺知、覺醒的心看待，沒有一張牌是絕對的好與不好，我們可以透過牌卡提醒自己，永遠都有轉念的可能。

　　記得解讀時出現了大牌，寓意著啟動生命核心課題的機會到來了，試著用大牌給予的全新觀點、不同視角，然後嘗試運用在日常中。

愚者

◆ THE FOOL ◆

Keyword

任何可能

解讀關鍵

　　愚者作為塔羅牌的第一張牌，代表著一段旅程的開始。愚者帶的行李不多，還有一朵玫瑰花，象徵天真浪漫的開始，就好比我們說的初生之犢不畏虎一樣，而前方是山崖，跳下去或許會看見桃花源，旁邊有隻狗，象徵著我們靈魂投身到這個世界，有著無形的（守護天使、先祖們）、有形（家人朋友）的陪伴，作為 0 號牌，帶著全然的勇氣，開啟冒險之旅。

　　愚者牌的出現，都有種「就去嘗試吧、就去冒險吧」的味道，無論現在你的年紀、狀態如何，生命本質就是一場體驗，這正是愚者牌要傳遞的訊息，所以無論結果為何，體驗會帶來最大的價值，最終會找到專屬於自己的生命答案。

　　逆位時，似乎有過度綁手綁腳的狀態出現。

事業解析

❦❦ 內在的寧靜是首要選擇 ❦❦

財富 ｜ 來來去去。
求職 ｜ 可以嘗試自己心之所向。

　　愚者在事業上是張起伏不定的牌，不過起伏不代表是壞事，愚者最在乎的是自由，所以哪份工作可以給他「自由」，愚者就能完全發揮實力，但被限制的時候，愚者就會變得綁手綁腳。所以當工作事業拿到愚者牌時，可以問問自己，現在的工作是否能給予自己想要的自由去發揮，如果沒有，或許轉身去尋找自己內心真正渴望的，能夠獲取更多。愚者是張很浪漫的牌，轉身有可能因為內在開心了而帶來更大的財富，也可能因為開心了，覺得自己賺的錢夠生活，剛剛好就好。不過，最重要的是，自由對「愚者」來說永遠是第一優先。

　　求職時拿到愚者，則是更鼓勵當事人大膽的去嘗試，不要約束自己，不要覺得自己沒有這個那個，或許就因為不設限，反而能去到真正心之所向的地方。

　　逆位的愚者需要思考，是什麼框架了自己，在自己生命中、事業中，最在乎的是什麼。

感情解析

遍地的花朵都只是我路過的風景

桃花狀態	漂泊中，還是尋找。
交往中	關係不穩定。
關係模糊中	沒有答案的情感。

愚者放在情感中，是相對沒那麼有利的一張牌，畢竟愚者要的是自由，而大多數人在談感情時期待的是穩定，穩定與愚者的漂泊、自由背道而馳，所以在桃花狀態或關係模糊時出現愚者，也代表還在尋找、摸索自己想要的感情。可以透過愚者的提醒，透過這些探索，不強求自己去約會、認識人看看，也許可以看到，自己在情感中，究竟真正在乎的是什麼。

在關係中，愚者代表關係進入不穩定，可能是缺乏承諾，這段關係進入了探索期，這時候放手讓雙方去探索說不定是一件好事。這裡的放手並非分手，而是讓關係進入「暫時不需承諾」、「暫時不需要有絕對答案的狀態」，這份放手，或許可以更看清楚兩個人要的是什麼。而關係模糊的時候，愚者更表示了，這段關係就像彼此的過客，相互給予對方當時的需要、溫暖，但真的要確定時，可能就各走各的路了。

逆位時記得，「放手」是關鍵，「放手」讓自己去探索、讓對方去探索，或許就找到彼此的答案。

建議牌

正位
放寬心出發吧。

逆位
不要局限自己了！

Homework

有位主管來問某位下屬是否能勝任現在的工作，拿到愚者，是適合的嗎？

1 魔術師
◆ THE MAGICIAN ◆

Keyword
▼▼▼
開創

解讀關鍵

　　魔術師桌上有風（寶劍）火（權杖）水（聖杯）土（金幣）的象徵物，右手高舉魔杖，各種條件與資源具足，他隨時可以運用這些資源，去創造自己想要的。所以魔術師只要有靈感、準備好了，拿起桌上的物品，便能變化出任何可能性，落實自己的靈感與想法。也因為這千變萬化的個性，魔術師讓眾人的目光投射在他身上。

　　魔術師的出現，象徵我們擁有足夠的資源。但要記得魔術師是張主動開發的牌，所以即使有這些資源，卻苦苦等待外界給予自己什麼的魔術師，是失利的。記得靈感到來時，就運用自己想到的任何人、事、物去嘗試，便能幻化出新的可能。

　　逆位的魔術師可能有這兩種狀態，第一個無法信任自己，第二則是過分展現自己而完全忽略他人的想法。

事業解析

主動開創自己的天地

財富 ｜ 勇於開創有財，但需要學習守護財富。
求職 ｜ 大膽地展現自己。

　　魔術師的原型是街頭藝人，只要願意展現自己，在事業、工作中，都會獲得不錯的成績。不過有個小問題，大多數工作事業的占卜中出現魔術師，代表能夠被看到，創意、點子、個人魅力十分足夠，但也因為這份幸運存在，魔術師得到讚賞、認同後，更需要精進自己，而非停留，因為魔術師這張牌急中生智、臨場反應很強，所以有些時候，在得到自己想要的之後，可能會有偷懶的趨勢。不過大體來說，只要拿到魔術師，願意展現個人魅力，都十分有機會獲得自己想要的。

　　逆位的魔術師有兩種可能。第一個是過度展現自己，在職場上會「用力」表現自己，十分想被發現、被看到，但因為太「用力」反而有人際關係的危機，所以抽到逆位時可以問自己，是否太過在意、太想要被看到。

　　第二個是，明明有能力卻不敢發揮，覺得自己不值得、不能夠得到屬於自己的成果。遇到這個狀態可以想想，自己是否在過去已經有許多累積，或是其實不需要擔心那麼多，單純相信自己，或許有意想不到的開始。

感情解析

真誠互動,才能讓感情升溫

桃花狀態	主動,就能創造桃花。
交往中	真誠很重要。
關係模糊中	溝通明白。

魔術師是魅力強大的牌,問桃花時拿到,基本上有兩種可能,第一是自己就擁有魅力,需要主動向外開發,因為魔術師代表喜歡自己主動開發、尋找的個性,被追求反而會覺得沒趣。第二是有魔術師型的追求者,正位時可以好好考慮,不過也要想想,正因為他魅力強大,在一起後他的桃花也會比較多。

在戀愛中,魔術師是會推動關係前進的牌,可能會在關係中創造許多火花或美好的感覺,但魔術師有個問題是後繼無力,所以當關係進入平淡期,或是要討論更遠的未來時,這張牌代表要坦承面對兩人實際擁有什麼、可以做些什麼,明白溝通,而不是用話語糊弄過去。

逆位的魔術師,無論是桃花還是感情,都可能失去真誠。因為魔術師是塔羅牌的開端,有趣、好玩、開創的都由魔術師開始,一旦不好玩、無趣了,逆位的魔術師需要學會面對這份「自己覺得的無聊」,當願意面對「這些無聊」,從無聊中發現日常中的細膩,關係也就能長久經營。不然魔術師很有可能因為逃避去尋找其他樂子,進而有機會引發多角關係。

建議牌

正位
好好展現自己吧。

逆位
有沒有過度付出的可能。

Homework

小明在人際關係中遇到被針對的問題,抽到問題點是魔術師,請問他在人際中發生了什麼?

2 女祭司

◆ THE HIGH PRIESTESS ◆

Keyword
♥♥♥
傾聽內在、善用直覺、堅定信念

解讀關鍵

　　女祭司的 2 號有分裂的意思，觀察牌面，女祭司後面有兩根柱子，分別是「B」和「J」，B 代表的是 Boaz，代表是黑暗的、被動的，J 代表的是 Jakin，則是光明的、行動的，剛好形成鮮明的對比。而女祭司手中的「taro」則是猶太教的法典《摩西五書》，象徵生命真實的意義，所以在黑與白之間，女祭司抱持的是自己的清明與清澈。即使在明暗之間，女祭司依然擁有自己的觀點，而這份觀點，更是一種與自己潛意識的深層連結。

　　抽到這張牌代表回應自己的內在，信任自己的答案。

　　女祭司出現的時候有兩種情況，第一，目前算是能夠傾聽自己、照顧內在的狀態，也知道自己下一步可以做些什麼；第二算是一種提醒，當自己內心有很多不確定，想透過占卜得到答案時，女祭司就會出現，是要告訴當事人，現在其實也可以不用決定，或是可以暫緩。甚至在大多數的情況中，他自己已經有答案，只是想透過占卜確認，女祭司也會跳出來，就做你想要的選擇即可。

　　逆位出現時，這時暴動的情緒也出現了，心中可能有許多狂亂的狀態，我建議，現在先穩定自己的情緒或抒發情緒才是重點，而不是貿然做出決定。

事業解析

❀❀ 內在的寧靜是首要選擇 ❀❀

| 財富 | 穩定正財（小心逆位時狂亂的情緒導致用金錢宣洩壓力）。 |
| 求職 | 可以再觀察看看，如果心中有明顯確定感就可以行動。 |

　　在工作中，女祭司是很在乎氛圍以及內在平靜的一張牌，如果抽到女祭司，可以問問是否喜歡當前的環境，以及周圍的人是否帶來影響。女祭司注重平靜帶來的品質，所以周圍的人事物對女祭司十分重要。在工作中如果能選擇安靜、單純的狀態，會更符合女祭司的氛圍，也能充分展現自己。

　　當逆位出現，表示女祭司已經失衡，內在的聲音被外界的想法蓋過，可能會不斷拿他人想法詢問自己、批判自己，所以女祭司逆位時要問自己，此時此刻自己真正要的是什麼、如何照顧自己的心，可以慢一點點，先找回自己的內在價值，再做出決定。

感情解析

🌸 被動內斂的情感 🌸

桃花狀態	內心有好感,卻沒有行動。
交往中	需要擁有獨立的空間。
關係模糊中	先不用下決定,穩定自己的心才是最重要的。

女祭司在愛情中,即使有好感,也因為這張牌偏靜態,所以不會有實際的作為,以及就算女祭司內心有很多感覺,但為了保持一定的形象,外在看起來平平淡淡的。當女祭司出現時,即使對愛情有正面想法,但實際的行動太微弱以至於無法發展。

逆位時要特別注意,可能會傾向情緒化、悲觀地去思考情感中的任何事情,建議可以釐清自己的想法,或是傾找人傾訴自己的情緒,先讓自己穩定下來,再為關係做下一步的考量。

建議牌

正位
回到平靜後再想下一步。

逆位
讓情緒來、情緒走,但不在情緒起伏時做決定。

Homework

小明想要換工作,拿到女祭司的正位,現在是換工作的時機嗎?

3 皇后

◆ THE EMPRESS ◆

Keyword

相輔相成、以愛為出發、豐盛

解讀關鍵

皇后之所以豐盛，源自於他做任何事情的出發點都是愛。愛有許多種，有控制的、有相互合作的，而皇后就是相互合作的愛，所以知道對方需要什麼，適當地給予、調整，因此能在自己的生活、情感面向中知道自己要什麼、對方要什麼，進而成為生命中不同的資源與豐盛。不過要切記，一切的愛都以「愛自己為最優先」，否則愛失去控制或是變成想控制他人發展或改變他人，就會成為一種枷鎖，那就是逆位的狀態，以愛之名的綁架。在正位皇后的愛中，是相輔相成，你成就我、我成就你的美好。

事業解析

發自內在的愛與熱情

財富 ｜ 豐厚的財富（逆位時留心，容易花錢發洩壓力，或是擔憂自己可能遇到沒錢狀態，不斷讓自己用匱乏之心想獲得更多錢財）。

求職 ｜ 求職運佳，且有貴人，但需留意做這份工作的出發點。

在工作上，皇后算是滿有優勢的一張牌。這張牌表示工作運好，因為皇后的出發點並非純利益，而是看到這個人事物需要幫助，而這份信念會間接讓這件事，因為「愛」、「熱情的灌溉」而豐盛起來。試想，一個業務員要是完全從利益面出發，身為買家的我們其實是會感受得到的，但以皇后為出發點，會關心買家的需求，再介紹適合的產品。

皇后在任何工作中，出發點並非利益，自然會有源源不絕的資源和收穫。比如許多 KOL 做自媒體的出發點是想分享自己的專業，「分享」也是源自「愛」這件事的念頭，就如藝術家的創作也是源自熱愛。

逆位的皇后，會不小心被利益遮蔽，凡事考量都以「自我利益」為出發，而非相互合作，當出現這樣的狀態時，需要調整自己的心，試著問自己，是什麼樣的情況讓自己失去平衡，導致完全從「我」的考量出發。

感情解析

❀❀ 強大而有魅力展現 ❀❀

桃花狀態	隨處開花。
交往中	找到兩個人的平衡。
關係模糊中	重新思考自己想要如何跟對方相處,是犧牲自我還是共同前進。

　　皇后在感情中有絕對的優勢,本身就願意付出,並且「愛」對皇后牌的價值是最高的。所以事業抽到皇后牌都沒什麼問題,反而最大的問題會在情感面,皇后牌需要經歷自我對話、自我改變的成長後,才會找到適合的感情。記得前面提到的「相互合作」,試想如果你是皇后,會是怎樣的皇后,是喜歡引導關係的皇后,還是喜歡配合的皇后(切記,這裡的配合是出自於自己的意願,而非犧牲自我)。皇后牌在清楚自己狀態後,關係才會經營得越來越穩定,但在前期,或是前幾段感情,可能多少都會有犧牲自我、迎合對方的狀態。

　　逆位的皇后,會一直在物質條件打轉,比如對象的工作如何、薪水如何,忘記「愛」的本質。假使對象是個工作薪水都十分優秀的人,這些條件會讓皇后用「物質為導向」去看待愛情,最後失去「愛的本質」,愛的本質純粹是指這個人的特質,而非他的條件與利益。

　　另一種逆位皇后是,即使知道對方的好,但會因為不安全感而想改變對方,使得關係壓力十足。這種狀態發生時,可以想想自己為何如此沒有安全感,還有可以怎麼跟另一半溝通,看看雙方可以怎麼調整、互相配合。

　　最後,逆位皇后要小心「這樣是為你好」的給予方式,學著站在他人角度,看見對方的需要,什麼才是「對方真正想要的方式」,對我們都好的狀態。

建議牌

正位
自在能創造更多的豐盛。

逆位
留心只用單一的觀點看待事情。

Homework
如果感情卡在曖昧期一直無法前進,卻拿到正位的皇后,該堅持下去嗎?

4 國王

◆ THE EMPEROR ◆

Keyword

扎根踏實、穩定進步、獨立思考

解讀關鍵

　　來到4號的國王牌，開始要建立自己的國家，也代表國王有一定的野心和慾望，也有獨立的面向可以處理事情。但國王這張牌有躁進的意味，時常在做事的時候，看著宏大的目標，忘了一步一步前進的重要性。國王放在4號象徵穩定的位置，代表了所有野心都伴隨著耐心和過程，唯有透過自己一步一步成長，才能築起自己真正的王國。

　　逆位的國王，會把躁動的意味放到最大，此時的國王會完全忽略身旁的建議和想法，一意孤行地去執行，而這個狀態會直接導致失敗，但這個失敗的過程也是一場很重要的人生學習，即使人生的野心再大，循序漸進更是重要。

事業解析

扎根，然後穩定的前進

財富 ｜ 有大起大落的跡象（雖然會賺錢，但也會把賺到的錢再轉手去投資其他項目）。

求職 ｜ 可以大膽去尋找內心渴望的工作（剛踏入社會，最好以累積技能為主，中期可往創業發展）。

　　國王本身就是張事業牌，所以拿到國王時，會對自己的事業有許多想法、點子。不過也因為是國王，要成就一個屬於自己的國度，很多時候會把事情弄得很大、疆域太廣，反而讓自己無法前進，或是太期待自己會有一番作為，變得十分躁進。國王牌出現時，首先是對當事人野心、能力的肯定，是有機會獨當一面的，但需要慢慢計畫，並且循序漸進的往前走。此外國王這張牌，懂得傾聽「對」的意見，對成功會更有利。

　　逆位時，國王原本就有想要成功的念頭，這時會更加強烈，可能會耗盡自己的力氣，或是不聽他人的勸阻，此時失敗的機率會大幅提高。所以拿到逆位國王牌時，更需要提醒自己，要思考當前資源、狀態，做出最大的調整。

感情解析

用自己的方式，去愛著對方

桃花狀態	男生需要主動追求，女生則是會遇到事業心強的對象。
交往中	明白關係中有一方更在乎工作、事業，給予足夠的空間。
關係模糊中	轉移重心去追求其他事物，能看清楚關係中自己真的要的是什麼。

在市面上的塔羅書中，多少會看到國王是大男人主義，不過當今的社會，女生其實也能有一番作為，所以不如說，國王牌在戀愛上，是一種「自我主義」。為什麼會這麼說？試想，當一個人把 90% 的重心都放在事業上，那剩下的 10%，除了要分給感情，還有家人、朋友。所以國王其實已經很努力把剩下的精力給予另一半，只是相對來說，另一半可能就覺得，自己付出太多，或是時常無法被陪伴。但跟國王談感情也是有好處的，雖然在陪伴上稍嫌弱了一些，但事業穩定的國王，在物質上是不手軟的，所以在情感中抽到國王牌，只要能轉念，也可以看到一個新方向。

逆位國王在情感中，控制欲就稍嫌強了點，會期望另一半做到自己心中的標準，或是有情緒不穩定的狀態。如果在感情中抽到逆位國王，需要思考的是，這樣的控制真的是愛嗎？或是這樣的情緒真的健康嗎？

與國王在情感中的溝通不要硬碰硬，有些時候可以拋出自己的想法，讓彼此冷靜時思考，會得到不同的效果。（當然如果有一方願意用鼓勵的面向溝通，可能會達到更好的效果。）

建議牌

正位
踏實、穩定的走出自己的每一步。

逆位
不要讓過大的慾望淹沒自己。

Homework
小明的工作是一般行政職，對事業也沒有野心，卻抽到國王牌該如何解釋？

5 教皇

◆ THE HIEROPHANT ◆

Keyword

責任、框架、內在改變與放下

第 2 章 大阿爾卡納

解讀關鍵

教皇是張很難的牌,不過說難,是因為代表轉化,也就是改變的意思。許多時候,去改變自己的「舊有習慣」,才是轉化的真實面貌。教皇在一開始,會以責任、社會框架為標準看待事物,直到這些標準在內心發生改變,雖然知道自己不再想遵守這些框架,但要如何拿掉這些原本就存在已久的框架,建立自己的框架,就是教皇牌的終極學習了。

逆位的教皇,會一味追求社會、他人的認同,或是扛著過大的「非」自己的責任在身上。當逆位出現時,因為內在的不平靜、混亂,使得外界也不斷出現戲劇化的劇情,最終,教皇會回頭問自己,「這些準則真正適合自己嗎?能不能放掉那些自己給自己的多餘責任呢?」

事業解析

認同自己,即是最大的認同

財富	穩定正財(逆位時,會用數字綁架自己的安全感)。
求職	可以試圖尋找內心真實渴望的工作。

在事業中,若在三十歲以下拿到(這只是通論,只是三十歲時會遇到占星學上的土星回歸〔土星再次回到命盤的原始位置〕,能夠重新檢視自己要的是什麼)這張牌,會追求社會、原生家庭、他人期待的樣子,且因為富有責任感,所以通常都可以把交付的任務做得十分完美。但也因為這份完滿,教皇牌會不斷期盼得到比自己位階高的人的認同、喜歡,稍微被指教就會自責不已,這是因為年經的教皇正在完成「他人的期待」。教皇也常常會出現在轉職時,準備離開社會框架,重新尋找自己的定義、自己的認同、自己給自己的責任,這就會是一個無邊無際的探索。所以相對來說,在事業上抽到教皇牌,最終找到自我的認同是十分重要的!

逆位時,教皇牌原本就在意社會基礎框架,逆位會放大這個框架,且不斷用這種想法自我檢討。所以逆位的教皇,稍微遇到一點失控、評論,就會對自己失去信心。逆位的教皇需要問問自己,自己的價值在哪?工作的核心是什麼?重新探索自己內在的真實渴望。

感情解析

唯有我對自己誠實，幸福才會向自己招手

桃花狀態	桃花不明朗，但會不斷看向「外在條件」強大的人。
交往中	放下控制欲，尊重個體的差異。
關係模糊中	無法承諾的關係，都在告訴當事人，放下的重要。

在感情中，教皇是張很複雜的牌，在還沒探索自己前，會不斷渴求「看似」強大的人出現，因為被「看似」強大的人喜歡，代表自己是「值得喜歡的」。要探索內心，到底是什麼樣的人或相處，才是自己真正想要的，不然就會一直啟動「內在」需要被認同感的出現。此外，也很容易遇到年紀差距大、距離問題，或是「看似」不合外界規範的感情，這都在告訴當事人，要怎樣的感情，是你和對方的問題，而非照著規範走。也因為十分重視他人的想法，當內心過分在乎外界時，外界可能就會出現批判的聲音，會被影響開始批判自己，但真相是，教皇自己過得去，幸福快樂才是重點。

逆位的教皇牌，需要小心三角關係、畸形的情感。教皇是一直透過「外在物質」去檢視自己內心要的是什麼，所以過度渴望愛，即使對方有另一半，也可以突破自己的框架，把自己放在那個「覺得被愛的」世界中。此時的狀態大部分都是不對等的，或是在原先的關係找不到愛，但不敢放棄，進而向外尋找，透過戰勝另一個伴侶或是在多重關係下被愛，持續在關係中耗損，來證明自己有被愛的價值。當事人要問問自己，什麼叫真正的被愛、什麼是自己想要的關係。逆位的教皇，對自己誠實是非常重要的！

建議牌

正位	逆位
是時候跳脫自己的框架！	是不是扛了太多責任在身上呢？

Homework

小明想創業抽到教皇牌，是可行的嗎？

6 戀人

◆ THE LOVERS ◆

Keyword
♥♥♥
平衡、愛、溝通、選擇

解讀關鍵

　　戀人牌的背景是伊甸園，在這裡有天使的祝福，一切看起來如此幸福快樂，以及純粹的愛（在韋特牌中兩人皆為裸體，象徵坦承以待的狀態），但在原始的韋特塔羅牌中，樹上還有蛇和火焰，各自象徵不同的誘惑。所以在愛中，到底如何體現真正的純粹、如何超越各自的慾望，或許也是戀人牌中如何選擇的關鍵。

　　戀人牌是極具魅力、人緣的一張牌。夏娃後面的蛇代表智慧，而亞當後面樹上的火焰代表慾望，這表示到底該如何平衡智慧和慾望的選擇，是透過無意識的慾望出發？還是打從內心由愛衍生的智慧出發？就是戀人牌中的考驗。

　　逆位時會出現極端，可能是極端選擇慾望、物質，也可以極端選擇「自以為」的智慧，所以該如何平衡的拿捏，都是戀人牌中最大的學習。

事業解析

善用自己的人際魅力、展現獨一無二的自己

財富 ｜ 正財偏財運佳（逆位時會過度在乎慾望，有賺得多花的也多的情況）。
求職 ｜ 運勢看漲，有貴人相助。

　　戀人在工作中，是一張能夠發揮人格特色與交際魅力的牌，因為戀人牌屬於交涉、人緣好的牌卡。戀人牌的原動力是受到讓人看見、被喜歡的慾望驅使，所以在業務類型或是其他類型的工作，很快就能切入讓他人喜歡的要點，後續也能保持順暢的溝通。就像行銷產品，他很快就知道怎麼做可以讓客戶看見產品的最大價值，但也因為這樣，很需要「智慧」緊跟在後，如何運用人緣、人脈、溝通去經營事業，卻不被慾望之火吞噬，這就是戀人平衡的重要。

　　而逆位的戀人，有些時候會無意識中反覆陷入要更多的狀況，可能想要更多愛、更多的錢，而少了與自己的連結。通常在這種情況下，最後會因為慾望過大導致失敗，但也正是戀人最好的學習，如何運用好人緣、慾望，讓機會不斷上門，但也能篩選出真正適合自己的人事物。

感情解析

選擇五花八門，與自己溝通，看到心之所向

桃花狀態	桃花眾多。
交往中	需要溝通、協調，共同進步。
關係模糊中	可能有三角問題，找尋真正想要踏入關係的核心。

　　戀人牌在戀愛中就是重點了，回想我們一開始戀愛時，可能是受到對方的長相、談吐，單純慾望的吸引，而真正交往後，該如何溝通、配合、協調，就是戀人的智慧所在。透過「愛」這件事，往往會引出我們心中最大的渴望和曾經的創傷與陰影，比如曾經被忽略、不相信自己被愛等狀態。戀人就是在愛裡學習如何增長智慧，如何在愛裡看到自己最需要的是什麼，且表達、溝通出來，若對方能接納且共同前進，這段愛就會啟動最大力量，如果磨合失敗，放手對戀人來說也是一種學習，學習對擁有這段關係的「慾望」鬆手，進而更知道自己在愛裡真實的需要。

　　逆位的戀人很容易以「慾望」為導向，可能是短暫戀情、一夜情，或明知道對方狀態不允許，或是被拒絕卻還是執著在名為「慾望」的情感中。逆位戀人牌要能拯救自己，終究要回到內心，找到自己真實想要的關係，比如想要一段穩定的關係，卻奢望只想一夜情的對象達到這個目標，看見自己真的渴望才是重點，而非活在愛的假象中。

　　逆位時要特別留意三角關係的機會偏高，進入三角關係通常出自一個「缺愛」的狀態，「缺愛」是每個人都有可能會經歷的，重點是看清楚可以如何好好珍惜自己的愛，才能擺脫三角鎖鏈。

建議牌

正位　順著自己心做出選擇。

逆位　回到理性面看待當前吧！

Homework　小明目前有兩個對象，猶豫要選哪一位，抽到戀人牌，請問要如何選擇呢？

7
戰車
◆ THE CHARIOT ◆

Keyword
♥♥♥
信任未知、勇敢出發、探索一切

解讀關鍵

　　戰車像是前面國王牌的延續，國王領導著王國，而戰車象徵戰士們上戰場的狀態。戰車前有黑白的人面獅身獸，象徵我們在前進時，內在光明與黑暗需要不斷溝通、調整，以及面對自己的黑暗面。黑暗面包含對自己的懷疑、對未來的不安全感，不過當戰車願意與外界溝通時，會能夠信任自己，未來的事情都有足夠能力面對而開始前進。對戰車來說，越願意前進，對自己就越有信心，一切就越能奇蹟般的開展。

　　戰車其實是一張很迂迴的牌，為什麼這樣說呢？想像一位戰士要上戰場，他需要有強大的信念，信任自己的國王、信任這場戰爭可以贏得勝利，所以戰車在出發前，內心的膠著感是十分強烈的，不過一旦確認自己的內心，就能勇往直前，抵達成功。

　　逆位的戰車，則會一直卡在結果成敗無法出發，最需要克服的就是自己的信心。

事業解析

◆◆ 勇往直前的探索，找到屬於自己的答案，開拓視野 ◆◆

財富 ｜ 穩定上升的正財（越願意探索可能，財運就有機會突破）。
求職 ｜ 按照自己的真心，去做讓自己有熱情的工作。

　　戰車放在事業中，其實幾乎什麼都能做，但前提是戰車願意相信。往前走，就可以清晰看到自己想要的是什麼，不過起初的戰車會質疑自己的力量，但也因為這份懷疑，可以成為一探究竟的驅動力，自己到底可以成為什麼角色。不局限自己，是戰車最好的禮物，且戰車牌在前進的過程中，適應力是非常強大，很可以切換不同的角度去挑戰，所以拿到戰車牌時，記得要相信自己，前進就對了。

　　逆位的戰車陷入了一個出門打仗卻不知道能否安全回家的狀態，或是曾經經歷失敗，不斷質疑自己的能力，質疑是否可以讓事情推動。質疑也可以是內耗，而是逆位的戰車就是內耗。逆位戰車需要調整的是，「再試一次」，每一次嘗試都可以修復戰車的心，與其不動，不如放手一搏！

感情解析

💕 愛就要大聲說 💕

桃花狀態	即使有好感,但趨於被動。
交往中	需要學會表達自己的不安全感。
關係模糊中	弄清自己跟對方的狀態,再做出改變。

　　工作是理性的,感情是感性的,感性的事件更能激發出我們內在的真實狀態,在工作面向拿到戰車會陷入質疑、沒有安全感的狀態,在感情中更是明顯。戰車在單身時,主動步步試探,能讓關係所有發展,且如果遇到讓自己沒有安全感的對象,適度的詢問,都可以讓關係更明確。這份明確也來自對方是否可以接住自己,如果不行,那放下也是一種出路。而在交往中,戰車處於較為悶騷的狀態,知道雙方的狀態要如何更好,於是默默一個人想方設法前進,但他最需要的其實是嘗試溝通,嘗試讓心中想法坦白的說出來。舉例來說,在感情中認為討論金錢會傷感情,但又不喜歡目前的相處模式,心中的黑暗面會說,這段關係不適合我,光明面又覺得,對方對自己不錯,那不如把自己的想法好好說出來討論,就找到解決的辦法了。戰車在愛情中要記得,許多事情說出來就沒事了!

　　逆位的戰車,會卡在自己僵固的想法中,認定對方就是某個模樣,一方面自我折磨、一方面無法看清事實,別被自己的想法困住,走出自己的小劇場吧!

建議牌

正位
信任未來,你是安全的。

逆位
不用過去的觀點去局限自己,往前出發吧!

Homework

假設小明有一個曖昧對象,抽到戰車牌,兩個人在一起的機會高嗎?

8 力量

◆ STRENGH ◆

Keyword
♥♥♥
以柔克剛、循序漸進、爆發力、無限可能

解讀關鍵

在力量牌中，白衣的女子頭上有著無限的符號，無限象徵各種可能性、各種際遇。牌面上，她在馴服獅子的過程中，無限的力量可以是溫柔的、堅強的、脆弱的，唯有知道自己此時力量在哪，才知道如何與獅子互動。獅子象徵我們內心的情緒，知曉自己的情緒力量，也才知道該如何應對、照顧自己與外界。

事業解析

循序漸進、按部就班且隨時整頓是成功的關鍵

| 財富 | 知曉自己的能力、位置，便能擁有財富。 |
| 求職 | 了解自身的狀態，自去尋求工作。 |

在事業中，力量牌是滿穩妥的一張牌，象徵當事者絕對有力量可以發揮。不過力量這張牌的弱點，就是在還搞不清楚自己的極限與界線在哪時，會過度付出、過度溫柔、體諒，等到累積太久就瞬間爆發。所以工作抽到這張牌，要隨時詢問自己，自己可以調整些什麼，此時界線在哪裡。

逆位的力量牌是帶著暴躁，可能來自從前過度隱忍，以至於對面前的任何人事物，都有許多情緒，也可能有爭鋒相對的場面出現。另外，逆位的力量十分追求速度感，掉入「比較」的陷阱，當這個狀態發生時，問問自己是否快樂、可以承受，如果不行，記得，力量是無限大的，隨時做出調整吧！

力量牌也適合從事教育、寵物相關行業。

感情解析

適度溝通、調整讓關係找到最合適的「力量」

桃花狀態	讓自己勇敢去愛。
交往中	隨時調整。
關係模糊中	確認彼此狀態，依照狀況更新。

力量牌會有桃花，不過也要看當事者的「力量」放在哪，有些人雖然人緣很好，可是把所有力量都放在工作，就算有桃花，戀愛在他生命中也顯得不重要。所以當力量出現，當事者對戀愛也有興趣，那就大膽嘗試，開花結果的機會是很高的。

而在相處過程中，這張牌上的白衣女子和獅子，象徵兩個人的關係需要互補、溝通、協調。不過逆位的力量牌，可能會體現出白衣女子過度包容或是獅子過度孩子氣的狀態，要依情況去調整，勇敢表達自己的想法。

而在不確定的關係中，並不適合一味妥協，如果把「力量」都放在期待對方改變或是過度擔心，不如在當下好好了解彼此的狀況，為關係做一個決定，放對力量才可能有發展，也可能就此放下後，會有更合適的對象到來。

建議牌

正位　　持續、耐心的調整。

逆位　　先處理內心壓抑的情緒吧。

Homework

小明詢問金錢的運勢抽到力量牌，代表金錢運勢是好的嗎？

9 隱者

◆ THE HERMIT ◆

Keyword
♥♥♥
向內出發、獨處、找尋自己的方向

解讀關鍵

數字來到了 9 號，從前面皇后的分享、國王的穩定到戀人的平衡，這些序列就像人生的縮影，隱者牌的出現，更象徵了一種整合的意念，透過人生所發展的事件，開始向內思考，自己的人生需要什麼，所以隱者拿著手杖、燈，往更高的方向去尋找自己「心」之所向。

有些時候，看到隱者牌會覺得是一種孤單、孤獨的象徵，但真實的隱者是向內探究，自己究竟要過上什麼樣的生活。

事業解析

獨立自主的開始

| 財富 | 透過專業技能累積財富、守財。 |
| 求職 | 關於技能相關的工作。 |

隱者在工作中代表內在的提升，但非歸隱山林，舉例來說，一個上班族升職當主管，這時拿到隱者的機會非常高，因為從職員的心態要上升到主管的的心態，這需要向內探索，許多事情也只能在過程中學習且提升自己的內在素養。

此外，隱者也常出現在個人工作者的情況中，隱者並不是沒有帶財的牌，而是自己可以把技能、內在素養提升到什麼樣的境界，如何讓自己穩如泰山，不被外界任何想法動搖，專注在自己身上，這都是隱者在世俗中需要學習的。

逆位的隱者會一直向外界觀望，期待外界給予自己評價，無論好壞。逆位的隱者很容易走心，當逆位出現時，問問自己，此時的心放在哪？是懂得接納屬於自己的建議，還是隨著外界的任何想法隨波逐流。

感情解析

尊重彼此的個體性、差異性

桃花狀態	偏向沒有桃花,此時正在自我的整合期。
交往中	學習不過度依賴,給予彼此空間。
關係模糊中	只是情緒上的依賴,而非真正的感情。

在愛情中,隱者的出現絕非代表分離,隱者本來就象徵「獨立」,所以在情感中也是,當隱者出現的時候,象徵了在情感中不過度依賴。在熱戀階段時,常常兩個人可能做什麼都黏在一起,時刻都想要分享,但隨著感情的進展,給予彼此空間就成了重要的課題。不過如果在戀愛開始前,就出現隱者,也代表當事人對於情感容易有依賴的特性,透過這份「隱者」的感情,開始學習在愛裡可以相互支持,也相互尊重彼此的空間。

關係模糊時,隱者無論正逆位,都在告訴當事者此時是需要抽離的,因為有些時候在情感上很難說退就退,但隱者的出現,正告訴了當事者,不追求一時陪伴的溫存,能夠帶來安全感的感情才是重要的歸屬。

有時候,隱者牌也代表「遠距離」的情感。

正位
踏上自我道路,只有自己才知道自己要的答案是什麼。

逆位
孤單是一時的,但唯有願意跟自己相處,才能知道自己要的是什麼。

Homework
小明想知道接下來的感情關係發展,抽到了隱者,代表這段關係是孤單的嗎?

10 命運之輪

◆ WHEEL of FORTUNE ◆

Keyword
♥♥♥
機會到來、新的可能

解讀關鍵

　　命運之輪的出現，就像人生敞開了一道新的大門，而這扇大門來自前面隱者願意向內探索且走上自己的路，走著走著，孤獨、黑暗慢慢散去，新的可能、光明隨之到來，命運之輪象徵著你過去種下了什麼信念、什麼可能性、想法，隨著你願意灌溉、願意努力，終於，機會正式走向你。

　　逆位的時候，要留意當前可能有過度在乎成果的狀態，或是明明機會到了面前，卻覺得自己還不值得擁有。

事業解析

嶄新的大門正在敞開，鼓起勇氣向前走吧

財富 ｜ 慢慢上漲。

求職 ｜ 因為過去的努力，有更好際遇到來。

　　命運之輪出現在事業中，象徵轉機的到來，命運之輪並非天生幸運的牌，而是當事者透過自身的努力，不斷耕耘、調整、前進，進而為自己打造了一個新的開始，所以當命運之輪出現時，請大膽地往前走吧！

　　在逆位時，需要留意過度在乎成果。因為自己努力了，所以十分期待努力帶來的成果，如果是這個狀態，適時提點自己，調整自己的心態，每件事都是慢慢累積、慢慢成長的，依照這樣的節奏，到命運之輪正位開展時，事業就像穩定扎根的大樹一樣。不過也要評估，有些時候逆位是覺得自己還不適合，小看了自己能力，可以適當詢問身旁人的想法，勇於嘗試吧！

感情解析

吸收過往的經驗，全新的感情模式到來

桃花狀態	良好的對象、桃花出現。
交往中	別於不同的相同模式。
關係模糊中	去確認關係的下一步。

在感情中，命運之輪算一張還不錯的牌。這張牌代表當事者吸取了過去的戀愛經驗，在生活中開始願意改變、調整想法，而為自己打開一扇新的桃花之門。所以當命運之輪出現的時候，可能會遇到跟自己不太相同的對象，但試著想想，自己的想法也跟過去不同了，所以就嘗試看看吧。

而在一段關係中，命運之輪像是一個階段的開始與結束，可能從熱戀到平淡期，可能從男女朋友到決定攜手走向婚姻。也有些苦戀的人拿到命運之輪，也代表當事者想清楚了，決定離開，為自己開啟新的人生道路。

如果在曖昧階段抽到命運之輪，不妨開口問問看吧，或許就因為這樣，戀愛就開始了。

而逆位的命運之輪在感情中，象徵相同的事件會重複發生，可能是同樣爭吵的內容、同樣讓你辛苦的對象。逆位的命運之輪在提醒當事者，要有勇氣去調整狀態，而非放著，畢竟命運之輪這張牌一直在強調，願意耕耘、改變、努力，總有一天好運終會降臨！

建議牌

正位
順著時運，就此改變吧！

逆位
別太心急了。

Homework

小明正在為了某個目標努力，拿到命運之輪的逆位，他現在的方向是對的嗎？

11
正義牌

◆ JUSTICE ◆

Keyword
♥♥♥
責任、評估、做出決定

解讀關鍵

來到 11 號，是雙重的 1 號，1 號的魔術師隨時可以展開行動、有所變化，1 號的魔術師是隨機、變化性強的，但來到 11 號正義，魔術師舉著魔杖，而正義舉著一把劍，依然可以發揮自己創造的能力，但另一隻手拿著秤，而這把秤代表多了一重責任。因此正義牌依然有創造力，但每份創造中都有更多的規劃、計畫和自己的責任。

事業解析

對得起自己的真心、初衷是最重要的

財富 ｜ 穩定正財。
求職 ｜ 是可以嘗試的工作，過程中會得到許多經驗。

在工作中正義牌拿到是十分負責任的一張牌，而且還需要對得起自己的真心。在工作時會偏向一板一眼的狀態，比較沒有彈性，不過當工作是挑戰類型、業務類型、甚至是創業，拿到正義牌依然可以嘗試，只是過程多了一層責任需要去承擔。但也因為正義牌的特性，很容易在工作中看到自己不喜歡的灰色地帶，而透過灰色地帶，正是提醒拿到正義牌的當事者，要如何做出自己的選擇。舉一個例子，過往當從商的客戶拿到正義牌，詢問是否會賺錢，當然是會的，但賺錢的速度不會那麼快，因為他要對得起自己的真心，且會在任何事情上親力親為，所以雖然比別人慢，但在過程中可以學到不同的經驗。

此外，正義牌拿著劍，象徵斬斷心中不正義的事件。所以在某些時刻，身處的狀態已經超出不能承擔的部分，那學習劃分好界線、明確的表達，也是正義牌要學習的。

逆位的正義牌要留意過度注重細節的問題，正位的正義牌黑白分明，但逆位會放大這樣的狀態，所以提醒自己，保留一些空間給自己與他人，會讓事情輕鬆許多。

感情解析

負有責任與承諾的情感

桃花狀態	是一段互相承諾的感情。
交往中	有機會往婚姻的方向前進。
關係模糊中	表明立場,做出決定。

在感情中拿到正義牌,算是一張不錯的牌,如果此時當事者需要的感情是充滿承諾的且負責任的,那正義牌剛好就符合這個條件。正義牌的出現也象徵這段關係的穩定性,而牌上的秤也代表一種律法,所以在感情中會衍生為可以往結婚發展的情感關係。

不過如果是關係模糊時,正義牌則是提醒要明確表達自己的看法,若對方無法承諾,就轉身離開,去尋找真正屬於自己、能夠承諾的感情吧!

逆位要留意那把劍可能會變成針鋒相對,所以不妨跳出框架思考或是找人聊聊,就不會被綁在自己的框架中。

建議牌

正位
回應自己心中的信念,做出決定吧!

逆位
別過度苛責自己,學著釋放。

Homework

小明問感情關係的相處拿到正義牌的逆位,該如何調整跟解釋呢?

12
倒吊人
◆ THE HANGED MAN ◆

Keyword
♥♥♥
等待、沉澱、犧牲

解讀關鍵

倒吊人雖然被吊著，但頭頂發光，因此倒吊的處境是什麼都不能做，或是做了暫時沒有任何起色，可是這並不代表這件事不適合，而是正在等待時機。頭頂發光，也代表透過這些過程不斷學習、經驗，可能更理解了自己、可能開啟新的想法，但一切都在醞釀中。

當倒吊人逆位時，他站了起來，此時除了擁有人生智慧，也知曉了什麼，站起來表示有十足的動力可以向前進，所以生命的一切都沒有枉費、不是白走，都是為了讓他累積經驗真正去展開落實的行動。

事業解析

累積經驗，是為了走更遠的道路

財富 ｜ 財富狀態不穩定，能運用的資源偏少。
求職 ｜ 需要放下身段，先求有再求好。

拿到這張牌，在工作事業上肯定是辛苦的，因為腳被綑綁起來了，能做的行動並不多，得到的結果也偏少。但此時並非要放棄這份工作，而是反思這份工作可以帶給自己什麼樣的經驗，如果能看到這一點，那麼這些學習都會在未來成為生命中重要的養分。

另一個層面是，被環境所綑綁，有些時候是我們認為自己只能做這樣的選擇，不得不這樣，那就被困在倒吊人的思維中。如果能理性評估自身已經有獨立的能力，其實倒吊人是說，或許有更好的選擇，需要讓自己跳脫這個局面。

而逆位的倒吊人剛好相反，因為倒吊人站了起來，過去的種種辛苦都化成新的果實，也更明確知道自己需要的是什麼、該如何行動。

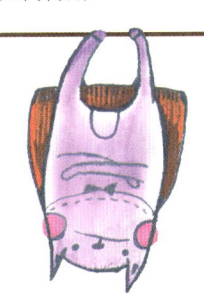

感情解析

學著不犧牲奉獻，練習讓愛是輕鬆自然的

桃花狀態	暫時無桃花，可能卡在其他狀態無法抽身。
交往中	配合、隱忍中。
關係模糊中	無法做出決定，邊界模糊。

倒吊人在感情中的表現，很容易過度付出，會把犧牲奉獻當成愛的表現。許多時候，當事者也知道情況是不利於自己，但又會被自己的感性牽引，明明知道感情已經出現問題，卻一直在等對方改變。但情感中，唯有自己願意改變，情況才會好轉，所以在倒吊人的愛情中，不犧牲是關鍵。此外，倒吊人在情感中很容易「被感動」和「心軟」，稍微被好好對待，就覺得自己需要付出更多，倒吊人的出現是在告訴當事者，被愛這件事是輕鬆的，而不是有負擔的。

逆位的倒吊人，會終於在情感面清醒過來，知道犧牲無法成就愛情，但也因為經歷透支自己、沒有回報的愛，這樣的苦成為生命中重要的智慧，之後面對感情問題時，可以更明白要把自己放在第一順位好好照顧，而不再被對方牽著走。

建議牌

正位
被局限的不一定是壞事，但問問自己可以做出什麼調整。

逆位
困境漸離，請信任自己的決定。

Homework

小明目前經營的事業，一直沒什麼起色，在未來位置拿到倒吊人，這樣還適合繼續經營嗎？

13
死神
◆ DEATH ◆

Keyword
▾▾▾
結束與開始

解讀關鍵

　　死神騎著白馬前來，面前的國王皇后都已倒地，國王象徵權力、皇后象徵物質，但教皇依然活著，此時象徵的是我們的靈魂，靈魂生生世世不斷循環。牌面後的太陽是升起的，死神帶來新的訊息，讓舊有的、制式的就地釋放。

　　死神牌並非一張不好的牌，凡事有開始就有結束，而死神正是象徵一個階段的結束，而緊接著就是下一個開始。所以當我們願意把階段性結束看成是斷捨離或提升的時候，死神似乎也在表達，人生的每個階段都有適合的人事物，而走向下一個階段，就是時候該說再見，像是每個人來到這個世界都有一個無形的行李，你要把某些不適合的行李拿出來，才會有新的空間，裝進新的可能和機會。

事業解析

階段性的成長，告別過去

財富 ｜ 不用固化的思維判斷財富。
求職 ｜ 下定決心便可以讓機會到來。

　　問事業出現死神，並不代表結束，而是這個事業中的習慣、行為、模式需要改變，而這種變化就是「死去」。所以在事業抽到死神時，可以象徵告別某個階段，例如某個職員要提升到主管的位置，那「職員」這個位置就會死去，進而來到主管的位置。有些時候也代表自己的行為需要做出調整，例如一個人在工作中，容易扛下他人的責任、壓力，默默承擔，拿到死神並不是叫當事者離職，換了一個環境，相同的劇本可能依然會發生，因為當事者沒有做出實質的改變。他要做的是放下他人的責任，開始意識到什麼是自己與他人的界線，那承擔他人責任的模式就會死去，進而開展出新的工作模式。

　　逆位的出現代表當事者意識到改變的重要，但緊抓著安全感不放，讓自己一直在不適合的模式中輪迴。

感情解析

探索自己真實需要的情感面向

桃花狀態	下定決心，戀愛開展。
交往中	階段性的改變。
關係模糊中	認清自己真實的感受。

　　死神這張牌在情感面向是很有趣的，「隱者」、「死神」都不能單純用分手來看待。死神這張牌在情感中探索得更深層，簡單來說，兩個人在曖昧狀態拿到死神，那「曖昧」的階段即將死去，進入下一個階段的身份（可能是確定關係進入情侶，亦或是明白表達雙方感受，退回朋友）。

　　兩個人如果在戀愛中，死神意味著相處模式勢必要做出明顯的改變。許多時候，我們會用無意識的方式傳達自己的感情，可能安全感不夠、想要控制對方、想要陪伴，但死神的出現就代表雙方需要明確看到問題，並且共同做出調整。如果能在死神牌出現時，大刀闊斧地改變，雙方的感情就很有機會得到更多的升華與成長。當然有些時候，死神也會提醒當事者，若自己改變了，對方依然如此，那「分手」也是一種選擇。

　　此外，逆位的死神會被困在自己的眾多情緒中，自己綑綁自己，這時候回到理性面，觀察自己或是聽聽身旁人給予的建議，跳脫自己的不安全感，全新的自己會因此誕生。

　　許多時候，拿到逆位死神都是自己困住自己、自己嚇自己。曾經有個案詢問感情關係，他已經有了新的對象，依然跟過去的對象保持聯絡，他自己也覺得十分尷尬，對於過去的關係抽到就是死神逆位。當時我就告訴他，過去的關係已經徹底結束，不過因為他過去的對象會一直以死要脅，讓他無法真正離開，但死神逆位告訴他，鄭重釐清關係，其實就可以安全下莊，如果一直讓過去的對象依賴，他就無法真正開展未來。最後個案確實做出改變，這件事也順利結束，過去的對象也終於放下，大家都順利往下個階段前進。

建議牌	正位	逆位
	下定決心吧,新的開始就此開展。	猶豫不決反而讓自己陷入更多困境,不如做出選擇。

Homework

小明即將要進入新公司,詢問發展抽到死神,這是怎樣的發展?

14 節制

◆ TEMPERANCE ◆

Keyword
♥♥♥
調節、暫停、休養

解讀關鍵

死神之後出現的節制牌，在傳統的韋特牌中，是大天使米迦勒在守護著前往下一個階段的每個靈魂。所以節制這張牌，更象徵一種整合、休養、調節身心的狀態，死神牌希望我們做出改變，跟不適合的人事物說再見，在我們勇敢說再見後，節制登場告訴我們，我們都需要時間去適應新的身份、環境、狀態，所以慢一些，用自己的步伐調整、呼吸，都是節制要傳遞的！

事業解析

休息、暫停一下都是為了更長遠的道路

財富 ｜ 剛剛好適合自己生活的錢財。
求職 ｜ 依照自己的狀態，先不進行大動作的挑戰。

節制出現在工作上，都在告訴當事者可以再慢一點、再停頓一下下。在現今的社會中，許多事情都要求「速成」，好像沒有看到結果，就等於這件事被否定，但節制就十分重要。當我們過度在乎事業的發展、表現，節制的出現在提點當事者，除了工作表現，生活中還有更重要的事情，透過生活上的朋友、家人、興趣，可以調節自己的身心狀態，讓自己安心回到平靜中。當平靜發生了，結果論就能夠消失，能夠更理性看待自己，可以在自己的工作中做出什麼樣的調整。但有些時候也代表比較極端的狀態，節制牌出現代表當事者在事業中過度付出，所以「休息」成了當前的課題。

逆位的節制是失去控制的狀態，可能內心不斷覺得自己還需要再做些什麼、努力些什麼，但越努力反而可能越讓自己無法達成理想。當自己從平靜出發，遇到任何困難都能迎刃而解，但從擔憂、恐懼、不夠出發，那一路上遇到的問題，都會因為情緒不穩，導致事情往失控的方向前進。節制逆位時記得提醒自己，做這件事的出發點是什麼，以及自己是否需要休息一下！

感情解析

停頓一下,讓情緒喘口氣

桃花狀態	暫時無桃花,調整身心狀態。
交往中	需要重新整理,保持適當距離。
關係模糊中	給予空間後,再做決定。

在情感關係中,節制偏向沒有桃花,因為更加重視內在的療傷。不過逆位或關係模糊的時候,會因為缺愛、想要被愛,而導致情感關係混亂,這時傾聽身旁人的意見、找回自己才是重要的。

而在交往關係中出現節制,象徵關係的調節,可能雙方經歷爭吵、價值觀的磨合,這時不要去不停確認未來,而是給予雙方一些時間,讓彼此沉澱,等到冷靜後各自有了答案再決定。

逆位的時候,會過度在乎自己是否被重視,不斷想要在關係中找到被愛的證據,反而打亂了「暫停」的秩序,這份暫停更像是兩個人可以擁有個人空間、時間去冷靜的思考,但不斷地在這個階段聯繫、相互用情緒溝通,反而導致關係走向分手。

建議牌

正位
暫停一下、喘息一下,你的價值依然不變。

逆位
好好釋放內在的情緒吧,混亂是沒關係的。

Homework

小明的對象劈腿了,抽到建議牌是節制,這段關係還可以繼續嗎?

15

惡魔

◆ THE DEVIL ◆

Keyword
▼▼▼
業力牽引、物質至上

解讀關鍵

惡魔的牌面上，倒掛的五角星象徵整個狀態以物質為導向，同時也會陷入「無意識」的狀態，比如莫名想要一直投入，或一直擔憂、匱乏，所以圖面上的兩隻貓是被綑綁的。因為當所有事情都以結果論、物質面來看待時，會看不見更大的可能性。

不過相對的，因為這張牌極具魅力，金錢運勢也上佳，所以當惡魔牌出現的時候，也是在詢問當事者，是否可以讓自己跳脫這些「非意識」的狀態。

事業解析

金錢運佳，但需要調整心態

| 財富 | 財運佳，但需要適可而止。 |
| 求職 | 會遇到金錢運勢極佳的工作。 |

在事業中拿到惡魔牌是充滿優勢的，因為這張牌本來就以物質為導向，所以在賺取金錢上，絕對是收入滿滿。但惡魔牌也會陷入「賺得多於是花得多」的狀態，或是認為自己還要再更好，所以不斷讓自己更「拚命」往上爬。

惡魔正是在提醒當事者，可以擁有「物質」，但不要讓自己被「物質」被框架和綑綁。可以詢問自己：「為何我會如此對金錢執著？我要如何取得平衡？我的人生裡有什麼事情比『物質』、『金錢』更重要？」

逆位時，意識出現了，對於「為什麼需要更多、為什麼需要做這件事？」多了一層思考、討論、溝通，都讓許多事情有了清明的開始。

感情解析

小心相互折磨、跳脫過往習慣模式

桃花狀態	有，且選擇許多，留意三角問題。
交往中	可能重蹈覆徹相處問題、三角關係。
關係模糊中	關係可能建立在「性」、「金錢」、「相互利用」。

　　惡魔在感情中是張十分複雜的牌，所謂的複雜是指在關係中會無意識想要這樣做，例如惡魔型態的桃花，通常是一見鐘情，甚至說不出為什麼喜歡，但就是被吸引。但真的進入交往關係後，惡魔代表雙方深層的情緒被勾起，例如想要控制對方，或是有一方「無意識」過度付出，可能會導致兩人不斷在吵相同的問題。所以要跳脫惡魔，必須對關係有意識的覺察、決定，才不會讓自己一直陷入無限的循環當中。

　　此外，惡魔也可能代表「缺愛」的關係，像是三角問題，就是一種比較的狀態，到底誰比較被愛、誰比較值得被愛。但惡魔真正要提醒我們的是，健康的關係是不需要比較的。

建議牌

正位
有「意識」去看待當前的任何選擇、狀態。

逆位
跳脫既定的模式，終於能看見自己背後驅動力。

Homework
小明遇到一個喜歡的對象，詢問發展抽到惡魔，這段關係是可以嘗試的嗎？

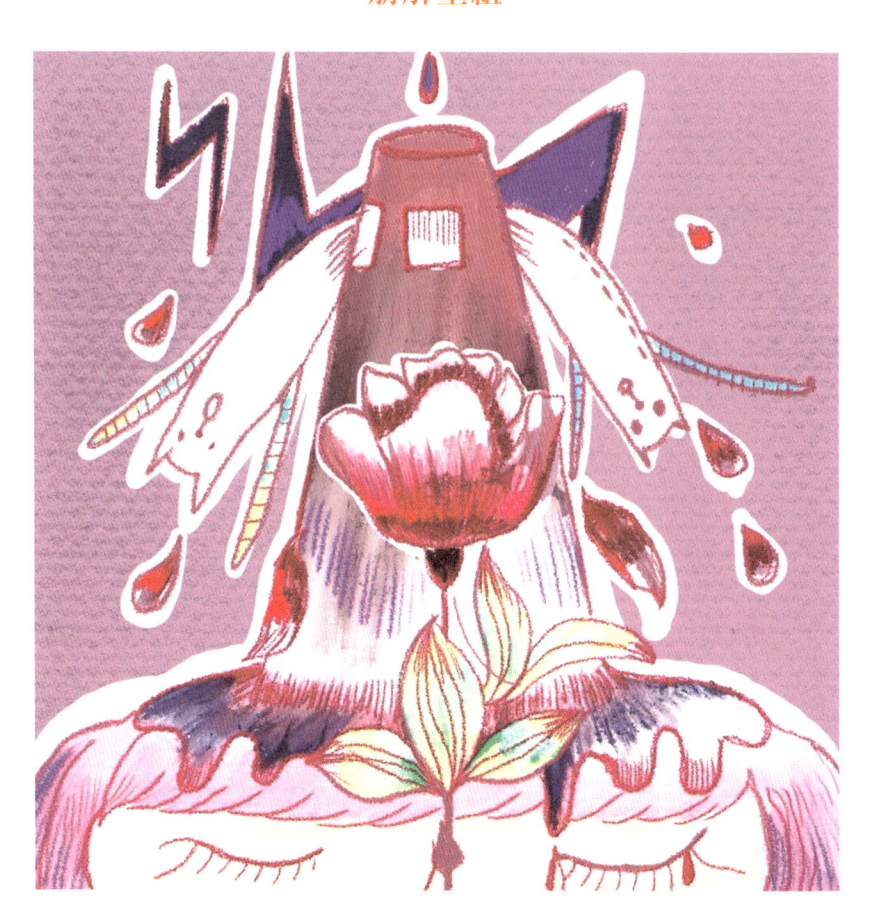

16
塔

◆ THE TOWER ◆

Keyword
♥♥♥
崩解重組

解讀關鍵

　　塔是一張很戲劇化的牌，延續惡魔的物質至上，當每件事都只有一種解方、或只用物質去解釋所有的結果，忽略心靈層面，此時塔牌就出現了，內心被忽略的感受、沒有被照顧到的情緒，就爆炸了。

　　塔牌在古代也象徵巴比倫塔的崩壞，那時人們認為自己只要把塔越蓋越高就能與神溝通，最後神發現了人的慾望，在人們建立高塔時，給了人們不同的語言，讓人無法溝通，這座塔也隨之崩壞。塔的出現是一個提醒，換句話說更是一種解套與解脫，從物質返回心靈的真正關鍵。

事業解析

坦承面對自己真心嚮往的，重新開始

財富 ｜ 有歸零的可能，但來自過去存在舊有問題。
求職 ｜ 打破自己的想法，嘗試新可能。

　　塔牌看起來是張崩壞的牌，但也是生命的禮物，因為塔會出現，表示有許多問題，卻一直不去解決，就會導致崩壞。當崩壞發生，會讓當事者直接面對問題，所以有些人在塔牌出現的時候，突然被解雇了，或發生一件措手不及的事情，那都是生命在告訴當事者，需要改變的時候到了。只要願意去面對塔的真實狀態，重新開始，人生絕對有新的選擇。

　　甚至在求職中，塔的出現也在期望當事者跳脫過往的舒適圈，試試看不同的圈子，絕對有意想不到的發展與開始。

　　塔在逆位時，對於改變、突破、不在控制內的狀態，已經轉化為自然的接納，即使內心會有些動盪，但因為對自己有一定的信心，會知道發生變化時，可以怎麼應對進退。

感情解析

崩裂式的爭吵或是瓦解不適合的相處狀態

桃花狀態 ｜ 意想不到的桃花。
交往中 ｜ 發生「需要急需面對」的問題。
關係模糊中 ｜ 直球面對。

　　塔出現在情感中，算是雙方累積某些情緒到了一個臨界點，可能會突然爆發。有時候可能說不出是什麼事情，兩個人內心都有埋怨很久的狀態，可能因為一些小事，讓情緒浮上檯面。此時，如果兩個人願意好好面對、好好溝通，還有機會可以拯救這段關係，塔的出現是讓人正視問題的好時機。

　　此外，問桃花拿到塔，也是提醒當事者不一定執著絕對的條件，或許跳脫出這些條件，就有機會遇到真正合適的對象，因為有時候，是這些條件「限制」了自己有新的可能，比如對方的工作一定要如何、家庭背景要如何，或許深層的核心是希望雙方相愛就好。

　　逆位時，除了雙方已經有一定基礎，也代表在愛情中找到自己的安全感，知道安全感除了對方給予，自己也需要尋找如何讓情緒安放的狀態，所以塔的突發狀態發生了，也能夠好好面對、相互溝通。

建議牌

正位
當前改變即使劇烈，但都藏著祝福。

逆位
能夠看到改變帶來可能性。

Homework

小明最近被裁員，抽牌問為什麼被裁員，拿到塔牌，請問發生了什麼？

17 星星

◆ THE STAR ◆

Keyword

希望、新的開始、心的指引

解讀關鍵

在塔牌一切崩壞重組後,因為過度震撼,於是星星牌登場了。星星象徵了希望、未來的展望。在塔羅大牌中,我們可以看到在「張力過強」的牌卡後面,都會接著一張緩和的牌,所以可以看到生命的平衡、中庸。星星代表了我們重新回到「內心」的歸屬,引領著自己朝著希望、療癒的方向前進。

事業解析

✿✿ 拓展可能,新的啟發 ✿✿

| 財富 | 循序漸進的錢財。 |
| 求職 | 依照當前的狀態,可以朝著夢想前進,切勿眼高手低。 |

星星在事業中算是不錯的牌,不過也需要前進與努力。星星的出現,代表在事業中可以有所發展,不過這張牌有個盲點,有時候我們的理想過於崇高,可能會落入因為到達不了而無法前進的狀態,或是前進了卻離理想還很遙遠,導致得失心太重。所以星星得以發展的重點在於,朝著「星星的希望」一步一步前進,一步一步落實,並且隨時回來調整自己內心的狀態。

逆位的時候,留意眼高手低或是過度悲觀的狀態。

感情解析

對關係有美好的期許，小心落差感帶來失落

桃花狀態	可能喜歡的對象對自己來說十分遙不可及。
交往中	會把自己的期待投射到對方身上。
關係模糊中	持平，改變機會低。

在星星的感情中存在一份美好，這份美好來自於感情中對自我的期待、雙方的期待，所以剛開始交往的時候，會帶著濾鏡看對方，但隨著時間拉長，看到對方真實樣貌時會經歷一段需要適應的時期。在交往階段出現星星，有時候代表出現爭吵，不過爭吵也是種溝通，因為容易把自己的對關係的好投射到對方身上，希望對方好、希望對方可以如何，當對方做不到時，就會帶來失落和爭吵，這時候反而可以好好檢視關係中雙方真實的想法是什麼。

至於問桃花拿到星星就相對弱勢，星星其實給人遙不可及的感覺，而喜歡的對象如星星一般時，可能會產生一種自卑感，而無法跟對方好好聊天、有曖昧的發展，反而是種遠遠看著、默默喜歡的感覺，甚至有時星星還帶著崇拜的感情，所以要有真實互動就更難了。

星星逆位時，更容易放大彼此落差，或是往比較悲觀的方向去思考這份感情，建議把自己的感覺表達出來，才能找到相處之道，也能明白對方可以做到什麼以及自己心態可以如何平衡。

建議牌

正位	**逆位**
信任未來、相信希望。	釋放過度的悲觀，與他人聊聊。

Homework

小明想知道另一半對關係的想法，拿到了星星，請問他的另一半有什麼想法？

18 月亮

◆ THE MOON ◆

Keyword

無意識、夢、渴望、母親

解讀關鍵

月亮連結我們的潛意識，仔細觀察牌卡，龍蝦從水流開始探索，象徵我們生生世世的靈魂，而水流象徵子宮，我們再度來到人世間。而過程中有一條狼、一隻狗默默看著月亮，狼象徵我們原始靈魂的狀態，狗象徵被社會化的狀態。因此在月亮牌中，我們到底要成為什麼模樣，潛意識裡到底運作了些什麼，都是可以去探討的。

事業解析

選擇自己真實渴望的道路

財富 ｜ 即使穩定內心依然有許多擔憂。
求職 ｜ 需要自我對話找到自己真實喜歡的是什麼，跳脫社會、父母的期待。

月亮這張牌跟媽媽息息相關，在工作中拿到月亮，會一直默默照顧他人、在意他人的感受，許多時候也會把他人的想法放在比自己更前面的位置，導致在工作時生出許多無形的擔憂，這些擔憂除了和自己有關，還扛了他人的許多情緒。所以月亮出現時，當事者需要好好問自己，此時的情緒、擔憂，是關於自己，還是他人帶來的影響。

另外，在選擇工作時拿到月亮，很容易打安全牌。這個安全牌常常是為了他人前進，可能是符合他人的期待、父母的想法，而非自己的。所以在選擇工作時，需要好好詢問自己，自己的內心究竟需要的是什麼，進而把「自己」放在第一順位去考量。

月亮逆位時，已經呈現出情緒波動很大的狀態，可能因為忙碌、焦慮，或是長時間都沒有好好休息，還有可能這份事業並不是自己想要的，只是無法去嘗試自己真正想要的工作。月亮逆位時，建議找人聊聊，也試著給自己一些獨處的時間去消化情緒，等情緒波動結束後，再來思考可以怎麼走下一步。

（逆位時尋求他人的幫助是重要的。）

感情解析

學習優先照顧自己的感受,對方是次要的

桃花狀態	不穩定,且無法給出承諾。
交往中	容易情緒化、膠著、爭吵。
關係模糊中	擺盪不定,無法真正安定下來。

在感情中拿到月亮牌,依舊有照顧他人的傾向,並且月亮本來就擁有「共情」的力量。拿到月亮,不一定代表是當事者自己有狀況,可能是他的另一半出現了一些情緒,而當事者共情了另一半的情緒。例如常看到月亮牌出現,是當事者對感情感到擔憂,但擔憂的原因可能是另一半的工作出了問題,或家庭關係不和,並非當事者本人的問題。當月亮出現時,請當事者先觀照自己的情緒,並慢慢學習如何分辨自己和他人的感覺。

問桃花拿到月亮,基本上一定有桃花,但十分不穩定,而且可能會吸引「需要被照顧」類型的對象。因為月亮本來就有照顧的含義,但如果這段關係一直無法有真正承諾,就要適時放下,才能迎接合適的對象到來。

逆位時呈現一個沒辦法往希望的方向去,更多時候可能承擔了整段關係過去發生的事情、對方的情緒、自己的情緒,甚至全部一起來。當月亮逆位時,尋求身旁的人釐清此時的狀態,再做下一步也不遲,以及有些時候,或許拉開一點距離,更能明確釐清自己要的是什麼。

建議牌

正位
是什麼人事物在影響自己的情緒,自己真的想要的是什麼。

逆位
釐清當前的混亂,給自己足夠的耐心。

Homework

小明已經決定離職去做自己想要的事業,問未來發展抽到月亮,請問發展狀況如何?

19

太陽

◆ THE SUN ◆

Keyword
♥♥♥
光明、像孩子般、快樂的

解讀關鍵

月亮的不安、不確定，似乎在陽光出現後，展開新的一頁了。太陽象徵熱情的開端、自信的開始，也因為我們願意看到心中的暗夜、暗月，使得太陽出現時，我們能夠重新擁抱自己，像孩子一樣的純粹、自然，這也正是太陽牌送給我們的禮物。

事業解析

欣欣向榮的發展

| 財富 | 發展妥當、開心進財。 |
| 求職 | 對自己有自信，就能找到理想工作。 |

太陽牌算是一張正向快樂的牌，無論事業或整體的發展都是穩定向上的。當太陽出現的時候，也鼓勵當事人快樂地去嘗試看看，當你出發的心是快樂的，相對也會得到好的回應。不過決策時出現太陽，就需要稍微留意，因為太陽牌的牌面上是一個孩子，有時可能會把事情想得太單純。論發展，太陽是好的，但論決策，雖然太陽也不錯，但更需要想想細節上的事情。

此外，太陽牌也跟教育孩子相關的工作有關。

太陽的逆位像是秋冬的暖陽，少了正位的絕對熱情，更多了一層成熟的感覺。

感情解析

別像孩子一樣戀愛

桃花狀態	遇到一個單純的對象。
交往中	關係看似快樂，但隱藏著「孩子」的問題。
關係模糊中	成熟為自己做決定。

太陽牌雖然是正向的，但在戀愛中有個明顯的缺點，就是很孩子氣。問桃花拿到太陽牌，對象是個單純的人，許多事情不會想得太複雜，假設當事者喜歡這種類型，就可以嘗試看看。而在戀愛關係中，太陽牌可能會有點麻煩，畢竟這張牌面的孩子以單純、快樂為主，可是在戀愛中有許多地方需要磨合，也需要用穩重的心看待。太陽出現時，也反映了關係中可能有一方碰到問題時，沒有想得那麼多，雖然可以帶來快樂，但也要學習如何成熟面對問題。如果當事者是太陽的狀態，也需要想想在處理情感問題時，會不會以自己「主觀快樂」的面向去思考。

逆位的太陽，比正位多了一些歷練，相處時依然是自在的。許多時候，拿到逆位的太陽，是在經過了淬鍊後，仍舊選擇正向的想法去生活、去愛。

建議牌

正位
保持孩子的面向，輕鬆看待。

逆位
一切都在往自在的方向發展。

Homework

小明正在曖昧中，抽牌拿到太陽正位，在一起的機會高嗎？

20

審判

◆ JUDGEMENT ◆

Keyword

重新選擇、新的開始

解讀關鍵

在審判牌中，棺木中的人有了重生的機會，審判的出現象徵我們在生命中一直保有選擇的狀態，只是社會規訓和日常生活讓我們忘了，自己一直都有調適、調節自己狀態的能力。審判開始意味著機會再度到來，意味著我們可以改變自己，從意識到自己有所選擇開始。

事業解析

❛❛ 需要跳脫框架思考、轉念即是心的開始 ❜❜

財富 ｜ 跟隨自己心，找到自己賺錢的價值，便能決定自己的財富關鍵。
求職 ｜ 向心詢問，自己真心要的是什麼。

拿到審判牌時，就像站在十字路口，一條是舊路，雖然充滿了安全感，但已經不合時宜了，另一條路是全新的，雖然未知，但充滿無限可能。不過每當面臨這個狀態時，大多數人會因為安全感去選擇舊路，但審判意味著重生，我們在生命中一直擁有選擇權，只不過人活著活著就容易被自己局限住，無論是年紀、外在環境等。只要我們願意轉個彎，其實全新的道路就會出現，也代表跳脫了過去既有的信念、想法，開創屬於自己的未來。

不過，有時候問工作拿到審判，不一定要做出這麼大的改變，而是改變自己的心態、想法、做法，都是生命中「重新開始」契機。所以當審判出現時，也可以想想自己在心態上可以放下什麼、可以轉念什麼。

審判逆位時，會有種陷入無限鬼打牆的感覺，好像生命中相同的事件重複發生，這張牌的出現在提醒當事人，嘗試改變想法、做法、在任何微小、可接受的範圍內都可以，或許能讓自己更加自由快樂。

感情解析

小心相互折磨狀況、跳脫過往習慣模式

桃花狀態	跟過去情感拉扯。
交往中	反覆發生相同的問題。
關係模糊中	適度做出選擇。

審判在感情中是充滿業力的一張牌,畢竟這張牌代表緣分滿深的,不過不一定是不好的緣分,而是透過這段關係,來看清楚自己要學習的課題是什麼,要改變的是什麼。當情感關係出現審判牌,要問自己的是,自己是否想要這段關係(因為關係緣分有足夠的發展機會),但需要「徹底」調整的是兩個人的價值觀,以及自己的執著。審判的出現也代表,生命中一直有類似的劇情發生。有時候,會看到一對分分合合的戀人拿到審判,因為雙方還愛著彼此,但又無法參透到底要改變什麼(很多時候,這個改變可能是接納對方的狀態、接受現況,其實接受了,關係也又可以繼續了),但同時也要提醒,如果自己真的不能接受,那是否該跳脫這樣的劇情,讓自己的心復活。

逆位時,其實很清楚當下可以做出什麼嘗試,但礙於許多「安全感」的問題,會不敢改變,或許雙方好好溝通,或是跟自己好好對話,該如何選擇才能讓自己跳脫不舒服的圈圈。

建議牌

正位
審視當前的狀態,是否掉入重複的劇本,可以如何調整。

逆位
釋放當前不開心的「安全感」,選擇一條新的道路。

Homework

小明過去的對象再度出現,猶疑不定抽牌拿到審判牌,他該選擇再次跟前任在一起嗎?

21 世界

◆ THE WORLD ◆

Keyword
♥♥♥
圓滿、完整

解讀關鍵

來到大牌的最後一張 21 號世界，還記得我們怎麼一路走來嗎？從帶著玫瑰花出發，那顆天真浪漫的心，經歷大牌中每一場考驗、體驗，終於在世界牌中褪去衣裳。裸身的人象徵心靈的完整，此時披在裸身的人身上的紫色袍子，也代表了一種通過層層考驗，找到自己真心的狀態。

事業解析

> 每一步都在學習，學習完整自己的心，
> 看待自己工作

| 財富 | 穩定踏實的財富。 |
| 求職 | 能找到完整自己心靈與物質的工作。 |

當事業中出現世界牌，代表這份工作與當事人緣分很深。世界是最後一張牌，代表從愚者開始一直到審判的學習，都融合在世界中了，因此當世界出現時，代表這份工作、事業十分合適，可以發展，但需要學習的面向十分廣。如果是剛踏入這份事業，就需要給自己足夠的耐心，讓自己慢慢學習；如果從事這項事業許久，代表依然很適合，並且存在一種使命。

當世界逆位時，並非代表不適合，而是只用自己的視野去看待這份工作。有時候可能會過度追求完美、過度要求，甚至可能會質疑自己。世界的正、逆位，都是透過在事業中發現的事情、情緒，去學習如何完整自己、照顧自己。

此外，拿到世界牌，也十分適合擔任老闆、管理者。

感情解析

透過相互了解，讓關係彼此支持，圓滿自己與對方

桃花狀態	可以展開或結束一段關係。
交往中	適合的緣分，但需要磨合。
關係模糊中	透過對方，尋找自己在感情中需要學習的面向。

世界牌，像是大牌的一個句號，在問桃花時有兩種面向，終結某種情緒和準備迎向新的開始。逆位時，可能會偏向沒有桃花，因為當事者會堅持自己的視角，認為「這樣才是合適的人、這樣才是完美的對象」，但世界上並沒有完美的人。人們是透過情感關係，看到自己的需要和渴望，但世界逆位時，則是用自己的視角決定，忘記了在關係中，需要雙方的溝通、討論、理解，才能找到適合的方式，而非用自己的角度決定好壞。

在一段關係中，世界的正逆位，都代表兩人有互相完整的可能性，正位時，雙方可以在比較理性、溝通層面看到互補的狀態；逆位時候，會希望對方補足自己的期待，但這些期待並非真正適合自己，或許是因為自己沒有安全感導致。有時候逆位代表不小心破壞一段有緣分的感情，所以可以觀察自己與對方的期待，是不是出自於內在的不安。

關係模糊時拿到世界正位，可以好好溝通討論，如果依然沒有共識，就可以果斷放棄，可能會在關係中看到，自己要的就是安定，但對方無法給予。而逆位時，走向穩定的機率很低，雙方都把自己期待加諸在關係中，導致無法看到雙方的優勢，適時放手，讓彼此都能走向更適合的人。

建議牌

正位 　看到更多寬廣的面向，完整豐富自己的觀點。

逆位 　不掉入自己認為的「完美」。

Homework

小明總是和另一半一直爭吵，抽牌問是否要繼續在一起，拿到世界牌，是否要繼續呢？

大牌練習答案

0 愚者

愚者是擁有熱情、勇敢、浪漫天性的代表,所以要看此份工作性質是什麼。如果這份工作需要無拘無束的發想,愚者的創意可以充分發揮,但假如這份工作需要規劃、承擔很大責任,就不適合愚者牌的個性。

1 魔術師

魔術師是張充滿個人魅力的牌,通常具有人格魅力的人也容易製造話題,可以在人際中展現強大的社交能力,同時也容易被人嫉妒,所以出現被針對的狀態。魔術師作為 1 號牌,在做任何事情時,偏向有熱情、有想法就會執行,比較不會顧及他人感受,所以鋒頭太健時,就容易被針對。

2 女祭司

女祭司是張靜態的牌,現在想換工作,一定是受到某種情緒影響,讓女祭司的內在躁動。當前更需要解決的是想換工作的原因,或許因為在人際關係上,忘了拒絕他人,勉強自己,所以在換工作之前,更需要解決情緒問題。情緒問題如果沒有解決,換工作只是換湯不換藥,同樣的慣性模式在下一份工作依然會出現,解決這個問題才是最重要的。

3 皇后

拿到正位的皇后牌,是肯定這段關係還有機會,可以再堅持看看。不過也要記得,在占卜的時候,個案能夠做出調整、改變,是占卜最大的力量,所以此時建議個案與自己心儀的對象,明確表明自己的立場,比如說自己需要一段承諾的關係,但如果在溝通後,對方依然有自己的堅持,且

不願意有所改變,那這張牌也在鼓勵的個案,秉持皇后「輕鬆享受愛」的念頭,適度放下這段情感。因為這張牌也代表,當他願意放下,個案會重回皇后的魅力,再度開展全新的桃花。(切記,皇后這張牌,一直都在愛裡學習自己是誰、自己要的情感是什麼,這件事沒有人知道,但皇后牌的個案,越能去探索,越可以在感情中輕鬆快樂!)

4 國王

我們可以分成兩個面向去看,第一個,雖然現在工作穩定,但當事者絕對保有國王的「獨立思考」的面向,所以他可能會與目前公司的國王,也就是老闆,有不同的想法,或是願意追隨;第二個的狀態則是,考慮個案的感情面向,他的感情就是「王國」,所以經營感情就跟經營自己的事業一樣。第二個的思考點會稍嫌困難,但在我們人生中,身心靈是綁在一起的,工作家庭感情也是,所以經營好感情,就是他的人生事業。

5 教皇

基本上是可以,但難度是高的。

為什麼可以?相較國王牌的野心和自信,創業要做的事就是適度前進,但教皇在創業時,有許多對自己的規範、規則,且十分在乎他人的看法,所以每前進一步,都是一次與自己的和解以及認同自己。想創業時抽到教皇,可以鼓勵他試試看,但這會是個充滿內心戰的過程,因為拋開社會的規範,建立自己的規範且深深相信自己,才是他創業成功的關鍵。

6 戀人

戀人的關鍵在於平衡,也在於溝通,這可以是對外溝通也可以是向內溝通,此時的向內溝通就十分重要。如果個案不顧一切想要選擇吸引力高、充滿慾望的對象,可以去嘗試看看,如果個案已經想擺脫過往風風火火的感情,可以看看哪個對象能夠提供他情緒上的支持,做出適合的選

擇。在占卜的世界中，沒有絕對的答案！

（切記，在占卜中保持溝通是很重要的，因為每張牌對每一位個案都是不同的學習，不能用 A 個案的方式套在 B 個案上！）

7 戰車

基本上機會是高的，不過一定會有一方稍微比較被動，可以觀察是自己還是對方。戰車的感情是含蓄的，但只要有一方開始比較熱情，就能消除戰車的陰暗面（質疑、懷疑的狀態），加速讓感情升溫，最怕的就是兩個人都有好感，但也都默默猜測彼此想法，不做任何行動，那感情就對掉入純喜歡而已。

8 力量

基本上力量牌代表財運不錯，但也要記得去看當事人是如何看待自己與金錢的關係。如果他認為賺錢是開心的、有動力的，把力量放在「前進」上，自然金錢運勢會不錯，但如果他是因為害怕錢不夠，所以要賺更多，那此刻的力量放在「覺得不夠」上，雖然金錢運也不差，但因為起心動念跟「使用的力量」不同。雖然結論雷同，但協助當事者釐清自己想要賺錢的心，也是協助對方放對力量。

9 隱者

在戀愛中抽到隱者牌，不見得是孤單的，但愛情可能發展到某個階段，雙方都需要有個人的空間，這是隱者牌提示的重點。兩個人的結合，是可以看到雙方互補的地方，但也需要給予彼此時間、空間，去整理彼此給予的情緒跟價值。所以當隱者出現時，學會跟自己相處，知道自己想要什麼，會更能夠在關係中告訴對方自己的感覺，也能創造健康的關係。

10 命運之輪

命運之輪的出現，其實都代表走在自己的運勢上，只是逆位的時候增強了一種想加速的感覺。所以即使方向是對的，自己也正在努力，可是命運之輪提醒的是，萬事萬物都有「剛剛好」發酵的時間，給自己一些耐心，調整自己的速度跟想法吧。

11 正義

正義是張富有正義、責任的牌，不過逆位時會加深責任感、對與錯的狀態（就如那把劍與秤子），所以在相處上，可能出現過度背負責任或是在乎對錯的狀態，需要適度去溝通調節彼此的想法，視情況放下自己認為的對與錯，亦能找回雙方的平衡。

12 倒吊人

不建議繼續經營，要經營的話需要克服許多屏障。

首先倒吊人不是一張順流的牌，算是修行自己內心的牌，所以如果要繼續經營，一定有許多內在的屏障是自己沒有看到的，需要花時間尋找其中的問題且耐心地克服。但如果能過撐過倒吊人帶來的困難，會學習到非常多的技能，也能知道自己如何在任何環境下生存。

13 死神

這會是一個全面性改變自己的發展，整體來說，死神是可以提升自己內在的一張牌，代表進入新公司，會跟過去全然不一樣，需要用新的方式學習。如果是以進步來看的話，進入新公司的發展會大幅度讓自己的內在提升。整體來說，雖然辛苦，但是是值得的。

14 節制

基本上節制跟修復有很大的關聯，就理性來說是可以繼續的，但是就

感性而言，要如何原諒和尋找到關係中的問題，是繼續這段關係的最大問題，以及接下來如何再度「信任」對方，都是這段關係的考驗。所以雖然以理性來看可以嘗試看看，但如果感性上無法做到，那選擇離開也是讓自己休息的一種方式。

15 惡魔

惡魔是一張極度充滿「性」吸引力的牌，就算現在說不適合，當事者還是可能飛蛾撲火。但是惡魔是可以在關係中學習到非常多的一張牌，這張牌代表關係容易分分合合，因為雙方一直在用自己慣性的模式，希望另一個人改變或配合。希望他人改變是無法找到平衡的，所以若能在關係中認清這件事，也有可能轉為好的發展，但如果無法認清，就捲入了無意識的情感拉扯。

16 塔

塔有著崩壞重組的狀態，也代表當事者一直被困在「塔」，也就是這份工作中，當事者會認為自己只能這樣做或是過度配合公司，心中已經沒有任何自己的空間。所以塔出現了，象徵著公司＝塔＝心靈囚禁，當事者內心其實知道自己不太適合這間公司或環境，卻在硬撐。「塔」的出現也在喚醒當事者，雖然被裁員令人難過，但可以不用再過度配合，也可以為自己另尋出路了。

17 星星

星星本來就是一張展望的牌，代表他的另一半對這段關係有崇高的理想，以及把關係放在一個重要的位置，也代表願意給予當事者情感、人生的支持。建議當事者更加敞開自己的心，去看見關係的美好。

18 月亮

如果論單純的發展，一定是情緒起伏很大的狀態，因為月亮本身就有

陰晴圓缺，象徵不安定，可是這個不安定回到更核心的狀態是，當事者可能也懷疑自己的選擇、對自己沒有自信。所以月亮牌正指出當事者沒有自信的狀態，要讓發展穩定，首先要面對是自己內在的情緒，越能讓自己情緒安定，狀況就能穩定下來。

19 太陽

以未來的發展來說，在一起的機會不高。可是太陽牌不是好牌嗎？太陽牌是個完全袒露自己的狀態，而戀愛需要一些模糊，感情需要一些不確定，才會增加彼此想要探索的心，但太陽牌代表過於展現自己，反而讓關係沒了那種「想探索的心」。如果拿到太陽牌但還想試試看，不如讓關係有些模糊，增進彼此「探索」的感覺，機會才會變高。

20 審判

審判牌的出現，一定代表當事者對於這段感情念念不忘，但審判牌的核心是再度選擇、重新開始，所以當事者需要思考是過去為什麼分開，以及分開的理由是未來在一起時可以調整的嗎？自己的心態可以改變嗎？如果答案是確定的，那就開始吧，如果無法，那審判就成為一張考驗牌，考驗當事者是否願意面對自己的問題，而非被情緒、無意識一直牽著走。

21 世界

建議是可以繼續的。在情感關係中，我們一定會把自己的美好、自己的世界投射在對方身上，因此當對方沒有達到時，關係出現了裂痕。但是情感關係要能夠長久是可以相互體諒、相互理解與支持，所以世界牌的出現，代表了需要磨合的狀態出現，我把我的世界拿掉伊點，你把你的世界拿掉一點，那「我們」的世界就誕生了。

在關係中不存在「完美」，但存在「完整」。

Chapter 3 小阿爾卡納

　　相對於大牌的生命旅程，小牌中會有更多生活中的事件、狀態、情緒，我們可以從牌中看到，牌卡中的人物就像我們的日常一樣，有開心、悲傷、慶祝、圓滿的各種情緒。小阿爾卡納分成風（寶劍）、火（權杖）、水（聖杯）、土（金幣），還記得這些就是魔術師 1 號牌中桌上的一切資源嗎？在這裡揭露這些元素的各種面向。解讀小阿爾卡納前，我們先來認識這四種元素。

寶劍（風）

　　意念、信念的構成，練習專心，不一心多用，決定自己的人生。

優勢 快速學習、懂得讀空氣、重點放在自己身上。

劣勢 錯誤解讀各種生命的象徵、過度在乎外界。

　　在風的世界中，想法、信念、言語、溝通都是重點，仔細看，在寶劍牌組中似乎有許多憂傷的牌卡，這也是因為平日中，其實我們一句話、一個眼神都可以被解讀、被感覺，這是寶劍的優勢，也是劣勢。當寶劍心態健康時，可以快速地抓到重點，但不平衡的寶劍，可能就會把這些神情、口氣、語言，放錯重點進而自我解讀變成誤解，例如對方沒有這個意思，卻因為自己的想法造成猜忌。

權杖（火）

靈感的到來，展開行動，看到成功到來。

優勢 展開行動、創造生命。

劣勢 過於莽撞、用自己片面的想法做事情。

火的權杖是十分可愛的，不做作的火元素，一有靈感就會直接行動。而這份行動也是帶著「熱情」前進，不過熱情需要經歷考驗，這也是權杖火元素在 1 到 10 號牌需要去經歷、去慢慢調整的。在權杖的世界，我們看見自己的熱情，但也要記得對任何事物抱有熱情是好，但也需要適度調整。

聖杯（水）

真正的同理，是可以先同理照顧自己，再付出愛給這個世界。

優勢 包容不同、勇於愛。

劣勢 愛氾濫、過於心軟。

在聖杯的世界中，愛是最重要的。我們可以看看在象徵 2 號分裂的牌卡中，其他元素都還在思考，聖杯已經迫不及待接納了他人的不同，所以在聖杯的水的世界中，擁有同理、擁有愛都是生命不可或缺的元素，但聖杯更需要學習先珍惜自己「愛」的能力，才能好好知道自己的界線在哪，如何在給予愛的過程中先好好愛惜自己。

金幣（土）

穩定扎實，平衡物質與心靈的是關鍵。

優勢 穩定踏實、一步一腳印。

劣勢 過於在乎物質，活在自己僵硬的世界中

金幣牌體現了我們物質生活中的狀態,所以金幣牌一直都在落實真實的想法。不過如果生命中只剩下物質,缺少心靈層面,那或許快樂也不會到來,所以在金幣牌組中,最重要的就是如何平衡物質與心靈的世界。在現實生活中,就算知道沒有結果仍舊會去嘗試,而非活在固定的成敗論中。

　　當我們了解四元素的狀態,小牌的第二個重點就是數字,讓我們來認識數字的基本意思。

🐱 數字的介紹

1 代表**開始、開創**　　　6 代表**平衡**
2 代表**分裂、思考**　　　7 代表**信任**
3 代表**合作**　　　　　　8 代表**力量**
4 代表**穩固**　　　　　　9 代表**智慧**
5 代表**轉變**　　　　　　10 代表**圓滿、新的開始**

🐱 小牌快速解讀重點

　　解讀小阿爾卡納時,可以利用元素加數字做為思考的起點,比如數字 10 的圓滿,但在寶劍中,過度把重心放在外界,以至於自己倒地不起,不過仔細看,後面還有太陽升起,因此當寶劍風元素願意回到自己身上,仍會有新的開始。而金幣 10 和聖杯 10,看似圓滿的家庭畫面,但整體的氛圍十分不同,聖杯體現了一種眾人充滿愛的感覺,而在金幣中,似乎擁有穩定的物質對維持一個家來說更為重要,所以把元素套上數字,就展現出各種的「日常」。

權杖 1

◆ 1 of WANDS ◆

火的意志,展開行動吧

Keyword

想法誕生、行動、靈感

基本解釋

權杖是火的代表,而1號又是個開展的數字,火加上1號,兩種行動碰撞在一起,造就權杖1號擁有強大的啟動、行動的力量。不過火並非全然理性,有時候更像是一種突然的感知、靈感到來,所以在權杖1出現時,展開行動,才能知曉下一步會是什麼。

工作事業

靈感降臨

在工作中,權杖1是一個新的開始、好的開始,就像忽然有了靈感,然後就展開行動。這個行動強而有力,大多時候能獲得好的開始,不過因為是1號牌,十分需要留意後續續航力的狀態。

在逆位時,需要小心三分鐘熱度的問題。

情感關係

火花到來

權杖1在感情中,是熱情開展、追求,可以大大方方去嘗試。在相處中,算是關係有十足的火花,但也需要留意,火花也有可能跟爭吵有關,但也因為是1號的關係,可能吵一吵就沒事了。

逆位時,需要留意此時的情緒可能是遷怒。

建議牌

正位

觀察自己的靈感,且展開行動吧。

逆位

小心是一時衝動,需要傾聽他人的意見,而非貿然行動。

權杖 2

◆ 2 of WANDS ◆

已握有實力，思考片刻

Keyword

想一下、讓子彈飛

基本解釋

權杖火的元素是一直想要燃燒、想要開創,不過搭配數字 2,代表分裂,就像黑夜與白天、陰與陽一樣。當火想要往前時,2 號數字反而會拉回來一點,就像圖面中,主角已經握有一根權杖,而旁邊權杖,是一個待開發、待思考的狀態。

工作事業

稍等片刻,靈感便會出現

在工作中,權杖依然是動力滿滿,不過權杖 2 代表心中依然有想開發的事情,可是一件事接著一件事,需要暫緩一下、休息片刻。所以當權杖 2 出現時,也意謂著,此時的計畫需要等待片刻。

逆位的權杖 2 依然會發揮火的意志,無法接受等待的狀態,甚至看不到自己已經握有一根權杖。當逆位出現時,可以問問自己,現在擁有什麼,以及在下一件事成形前,自己還需要加強什麼。或者權杖 2 逆位也在提醒當事者,休息一下、放鬆一下,靈感便會乍現。

情感關係

需要磨合、溝通

在情感關係中,權杖 2 是分心的。如果以單身的角度切入,會傾向即使想戀愛,但心中有更重要的事情要做,也就是手中握的權杖(可能代表是事業、過往的感情),所以開啟一段新的感情有一定的難度。

在交往關係中,權杖 2 象徵兩個人已經有了新方向,也有新的想法、計畫想要開展,但因為 2 象徵計畫還未成熟,也還需要磨合、討論。

逆位時,無論單身或戀愛中,都有緊緊抓著某種狀態,無法順應此時的狀況,例如「一定要這段關係如何發展」或是「對方應該如何回應自己」。

建議牌

正位	逆位
順應自己的心、等待時機成熟。	鬆綁緊握的東西,信任未來,接納前方的挑戰。

權杖 3

◆ 3 of WANDS ◆

統整資源，向前邁進

Keyword

整合、傾聽、合作

基本解釋

熬過權杖 2 的磨合與討論，3 號是合作，加上火的權杖元素，權杖 3 終於可以一吐等待的怨氣（要火元素等待，總是辛苦的），權杖 3 也匯集了足夠的資源，可以大膽開拓自己的想法。

工作事業

整合自我與他人，掌握時機，就此出發

在工作事業中，權杖 3 有領導、開拓的特質，這也是經歷 2 號牌的磨合後，終於在時機上與處事上成熟而得來的際遇。不過 3 號的本質跟合作習習相關，所以傾聽他人的想法、意見，也是權杖 3 成功的關鍵，不過也需要留意，火元素是自我意志強烈的元素，所以釋放一些自己的想法，許多事情都可以變得輕鬆許多。

逆位的權杖 3 容易放大自我意識，以至於忘記合作的重要。

此外，權杖 3 也是一張與海外工作相關的牌，若問求職，或許可以考慮往海外發展。

情感關係

擁抱耐心，統整狀態再出發

在情感關係中，權杖 3 容易在問桃花或是不穩定的關係中出現，代表兩人關係可能被其他因素影響，可能是人、工作、家庭等，所以從整合好到交往需要許多時間。拿到權杖 3 通常會建議不要耗費太久時間去等待關係確認，而是明確了解自己和對方在的位置，再做決定。

在交往關係中，權杖 3 代表對未來有明確想法，但由於火元素代表自我意志，難免會出現衝突，或從自己的觀點出發去規劃未來，忘了對方的感受，因此權杖 3 的感情必須溝通、整合。

逆位更是會把自己「認為好」的方式加在對方身上。

建議牌

正位	逆位
傾聽不同意見，抓好機會出發。	放掉固有的想法，學習合作。

權杖 4

◆ 4 of WANDS ◆

穩固向上,慶祝成功

Keyword

穩定、歡慶

基本解釋

4象徵穩定，而權杖走過3的放掉自我、學習傾聽，到4則象徵了成功。四根權杖像是一個穩定堡壘，權杖火的意志依然想突破、前進，但此時，歡慶前面的積累而得到的成功，更是火元素的自我認同、達成目標的喜悅。

工作事業｜目標達成，歡愉慶祝、自我認同

權杖4算是一張小成功的牌面，所以對於事業的選擇、發展都是不錯的。正位的權杖4雖然還是會有火元素想要成長的特質，但更多的是前面累積達到階段性目標的認同與喜悅，當權杖4出現時，可以享受一下自己努力得到的成績。

逆位的權杖4並不是失去成功，而是野心勃勃，依然只看向前方，忘記看見此時此刻自己已經擁有的，此時保持原狀可能更為適合。

情感關係｜確認關係，讓關係穩固

在桃花跟待確認的關係中，權杖4有種微妙感，為什麼這麼說呢？權杖4很容易變成「現在也不錯，一定要向前嗎？」的狀態。當這個狀況維持一段時間後，必須加緊確認，而非猜測。

在穩定的關係中，權杖4無論正逆位，都是大家保持相同的想法前進，甚至在狀態穩定下可以討論更未來的事情，只是逆位時容易因為火元素而有些爭吵。

建議牌

正位
自我認同、成功開展。

逆位
學習看到自己擁有的，不開展行動。

權杖 5

◆ 5 of WANDS ◆

不同的想法、意見，都是多方的參考

Keyword

多方意見、爭執、自我糾結

基本解釋

5 代表轉變，而火元素的轉變很直接，在牌面中就打了起來，十分行動派。傳統韋特牌的牌面上，五個人分別代表占星學中的金星、木星、水星、火星、土星^(註)，而這五顆行星，各自有各自含義，沒有絕對的好壞，所以這五位大打出手的人們，沒有絕對對與錯，只是在捍衛自己的想法。

工作事業　產生動盪、爭端，需要練習傾聽、整合

權杖 5 出現時，牌面其實簡單易懂，就是出現不同的想法，可能是上司、同事之間意見不合，也可能是自己的內心在打架。權杖 5 少不了情緒、語言上的動盪，但也唯有透過想法上的激盪，最後才能統整出自己與外界的和平。

若是求職時拿到權杖 5，這張牌其實也鼓勵當事者多多嘗試，因為唯有透過自己真正去看見，才會知道自己想要的是什麼。

逆位時，建議收集不同的想法，尊重不同的做法，整合後開始行動。

情感關係　找到雙方相處的平衡點

單身或不確定的狀態可能會有爭吵、價值觀不合的狀態，此外也要留意自己本身的情緒打架，既想戀愛但也害怕受傷。適度疏理自己與對方的想法，而非讓關係活在單純的火花中。在戀愛中則是容易價值觀不同，但依然可以磨合看看，尤其是逆位，大家更需要放下雙方的堅持，找到平衡。

建議牌

正位	逆位
多嘗試、多表達。	找到平衡的解決之道。

註：此為古典占星的意涵，所以不會出現天王星、海王星、冥王星。
　　逆位時，五個人的想法似乎找到平衡點，可以繼續一起向前了。

權杖 6

◆ 6 of WANDS ◆

經歷混戰後,持續前進帶來的成功

Keyword

勝利、驕傲

基本解釋

經過數字 5 的轉變、征戰，終於來到 6 號的平衡，加上火元素天生的自信，此時的平衡更象徵勝利的到來。不過需要留意逆位時，權杖 6 的勝利之心可能會過度膨脹，留意高高在上的勝利姿態。

工作事業｜成功到來

權杖 6 是一張勝利的牌，就整體來說，各方面的發展都不錯。但權杖 6 逆位時則要小心會有過度自我膨脹的狀態，適度看看身旁的人事物，知曉自己的成功並非一人造就，而是透過不同的支持才有這個榮景。逆位時，依然保持成功的狀態，但留意心態可能有過度膨脹的可能。

情感關係｜相處平衡是關鍵、放下過高自尊心關係更能長久發展

單身者會有不錯的桃花或追求者，或也代表自身條件不錯，但要留意眼高手低的狀態。

在戀愛關係中，容易有一方的自我較為膨脹，或許自我中心較為強烈，不適合硬碰硬的相處模式，柔軟的姿態更能讓關係升華。

逆位時，關係中容易有崇拜的問題，需要小心。

建議牌

正位
迎接自己的高光時刻，但保持耐心、低調，成功更為長久。

逆位
小心過度膨脹的自我中心。

權杖7

◆ 7 of WANDS ◆

> 努力可以獲得幸運，
> 但也需要隨時調整狀態與心態

Keyword

調整、前進

基本解釋

7是個需要嘗試的數字,但7也十分的幸運,只要願意嘗試都能看到成功的機會。火元素的權杖7動力滿滿,因為勇氣可佳,所以會在努力時看到更多的希望。但火有分大火快炒跟小火慢燉,權杖7代表方向對了,但需要學習如何續航的問題,而不是在一開始就燃燒殆盡。

工作事業 方向對了,但需要持續調整做法與心態

在這張牌中雖然動力滿滿,但容易因為結果不是自己想要的,造成得失心過重。即使一開始有動力,但方向有問題,會導致做的多得到的少,只要經過討論、調整方向,便能看到前方的道路。不過要留心用力過猛的狀態,並且可以視當下「暫時」的結果,作為調整,切勿得失心過重。

逆位時,有用力過猛的狀態出現,記得調整自己的速度。

情感關係 設立一起努力的目標,但需要隨時調整

關於桃花,權杖7有滿滿的動力,代表一段可以開啟的戀愛,但在互動時要保持耐心與傾聽。在戀愛關係中,彼此都想為關係而努力,可以設定共同的目標,為關係加分,但過程需要留意雙方的想法與情緒,而非一味孤行地堅持「共同目標」,讓關係失去彈性。

逆位時,留意別過度用自己的方式去推動關係。

建議牌

正位	逆位
持續前進、保持耐心、得失心切勿過重。	留心當前是否有過度努力、付出的狀態,需要暫停一下觀察自己的心態如何。

權杖 8

◆ 8 of WANDS ◆

準備好了,為自己的世界帶來新的轉變與契機吧

Keyword

快速、扎根、力量

基本解釋

　　走過了權杖 7 的調整心態、做法，權杖 8 終於速速到來。數字 8 象徵無限，在這張牌面上，八根權杖落下，充滿速度感，權杖代表火，這些火苗要落地，為這個世界帶來新的契機、機會。不過權杖 8 是很吃穩定度的一張牌，當內心穩定，面對突然到來的事情，危機就會是轉機，甚至是新的開展，但對於容易擔憂的人，權杖 8 的突如其來就有些吃力了。

工作事業｜充滿挑戰，需要保持自信與耐心

　　權杖 8 象徵有很好的機會到來，不過也充滿挑戰，若是個性喜歡挑戰新事物的人十分合適，不然會有一段適應期，也需要在過程中保持自信與耐心，順應變化，而非去控制所有事物，就能一切順利，看到成果發芽。

　　逆位時，即使有許多想法靈感，可是都在空中飄散，無法真實降落。

情感關係｜突發狀況，考驗自己內心穩定度

　　問桃花拿到這張牌，會有意想不到的際遇發生，不過逆位權杖 8 會流於一時激情，而非踏實的關係。在戀愛中則容易突然出現問題，或可能爭吵不斷，需要整理彼此的心到底因為什麼，導致情緒容易被牽動，有些時候更可能是遷怒。

　　逆位時，情緒爆棚，過去或是不是雙方的問題都一觸即發。

建議牌

正位	逆位
保持自信，面對挑戰。	留意過程情緒複雜，或是無法成行的機會與關係。

權杖 9

◆ 9 of WANDS ◆

學習放過自己,坦然與自在隨即發生

Keyword

過度緊繃、在乎心中對與錯、
缺乏安全感而緊抓不放、受傷的心

基本解釋

數字走到 9，帶來需要用智慧應對的學習，而火元素充滿生機，就像孩子一般，所以會看到權杖 9 牌面上的人，頭上綁了繃帶，似乎已經受傷卻想要繼續作戰。權杖 9 象徵了一種不服輸或是自我磨難的狀態。此外，牌卡上的人物緊抓著自己的權杖，似乎唯有緊緊抓著才有安全感。

工作事業　放下既有的堅持，心順了，一切就順利了

在求職方面拿到權杖 9，可能有過度自我的堅持，導致求職路不順，必須問問自己在工作中最在乎的是什麼，調整心態，適度放下最重要堅持以外的東西。

工作發展拿到權杖 9，可能是僵持不下的狀態，有許多自我堅持，改善之道是嘗試傾聽他人的意見，切勿「好戰」，放下心中絕對的對錯。

逆位時，建議嘗試不同的方式，讓自己工作中有新的可能。

情感關係　面對心中的傷痕，才有真正成長蛻變得到幸福的機會

曖昧關係拿到權杖 9，可能卡在曖昧模糊中，或是深陷過去感情帶來的傷害中，而無法順利開展一段關係。

交往關係拿到權杖 9，則是關係中有已經存在的問題，沒有好好面對與解決，不斷透過問題檢討自己與對方。

逆位時，開始正視關係的問題，慢慢面對與解決。

建議牌

正位	逆位
想想什麼是自己無法放下的堅持，這份堅持帶來是快樂還是痛苦？	願意面對自己的傷，是一個康復的過程。

權杖 10

◆ 10 of WANDS ◆

依然負重前行，需要學習信任他人與放下

Keyword

釋放、學習信任、希望

基本解釋

10 是代表結束與開始的數字，承接 9 號的智慧，若權杖 9 學會了釋然，那到 10 就有個全新的開始。但牌面中，權杖 10 卻拾起更多責任、堅持（很多時候，堅持都是自己給的，火象徵了生命力，但權杖 10 把自己困在自己該活成什麼模樣的狀態），他看到的是負重前行，而非自在向前。當權杖 10 出現時，可以問問自己，這些責任、堅持真的那麼重要嗎？有些是面子問題，是否可以拋開？以及負重前行時，是否忘了可以向他人求助？

工作事業

學會溝通、信任，前方的道路就明朗了

權杖 10 是張過度負責的牌，這張牌會不會成功？其實會，只是來得比較慢。權杖 10 把所有人的問題都自己扛下來，忘記了可以與人合作、溝通，所以當他開始與外界溝通、釋放責任，眼前這些權杖就會開始慢慢消散，那麼寬敞的道路也就來到面前了。

逆位時，放下過多的責任，開始懂得依靠身旁的人，讓一切走進順流。

情感關係

學會互相支持、付出，幸福的道路才會出現

問桃花拿到這張牌，不是完全沒桃花，但重心在其他事情上，或是這段關係陷入一種磨難中，明明知道可能沒結果，但還是想努力看看。權杖 10 需要學會認清感情是互相的，而非單方面的付出。

情感關係也是，權杖 10 很容易把所有的責任肩負在自己身上，導致壓力過大，甚至容易在關係中情緒不穩定。

逆位的權杖 10 需要練習說出自己的困難，讓雙方互相協助幫忙，學會信任，這是權杖 10 走向幸福的關鍵。

建議牌

正位

雖然在對的位置，但需要學會責任分配。

逆位

開始慢慢釋放壓力，看到前方的道路。

寶劍 1

◆ 1 of SWORDS ◆

理性清晰地往前走

Keyword

理性、冷靜、決定

基本解釋

數字 1 和開始、開創有關，寶劍 1 算是寶劍牌組中最有力的一張。從雲中伸出的一把劍，象徵一種決心、信念的開始，也代表把過去的不好斬斷，當寶劍 1 出現時，記得鼓起勇氣，相信自己。

工作事業

理性果斷，明確知道自己的方向

工作中需要釐清界線的問題，寶劍象徵切割，哪些工作是自己的、哪些不是自己的，以及是否被人際關係綁架，好好用寶劍畫出界線吧。寶劍 1 的出現代表了，越清楚自己要什麼，就越能達成目標，逆位時容易猶豫不決。

情感關係

明確表達自己的感受

問桃花拿到寶劍 1，釐清自己需要的是什麼，可能此刻的重心不在感情上。

交往關係，則是代表關係中有些部分需要好好整頓，哪些擔心是其實不需要擔心的，好好整頓自己的心，明確地表達出來吧。

逆位時會明知道要做什麼決定，卻遲遲無法下決心，被情緒左右。

建議牌

正位

清晰、明確知道下一步可以做些什麼、表達什麼。

逆位

心中拉扯、模糊不定，寶劍此時指向自己，不斷內耗，大膽的看到自己的需求吧。

寶劍 2

◆ 2 of SWORDS ◆

❝ 封閉自我，安全但痛苦 ❞

Keyword

封閉、自我保護

基本解釋

　　數字 2 號代表分裂，寶劍又作為一把武器，在寶劍 2 中，這兩把寶劍成了守護自己的盾牌，但這樣真的安全嗎？我們或多或少都有不被認同、不被喜歡的時候，但這並非真實，而是一部分的狀態。寶劍 2 封閉了交流的機會，把自己放了一個安全卻不舒適的狀態，守護自己，讓自己只跟自己覺得安全的人事物交流，雖然一切風平浪靜，但內在的情緒卻是翻滾的，唯有讓不同的聲音出現，接納自己並非完美，或許「不完美、不被理解」發生了，也接受了這個狀態，才是真正的安全。

工作事業

學著放下他人的評論，當成參考，一切有的新的發展

　　寶劍 2 在事業中，偏向故步自封的狀態。所有寶劍的故步自封，都跟人際關係有關，寶劍 2 忘了自己可以與人討論方向、忘了自己有新的選擇，把自己放在安全卻不舒適的狀態。寶劍 2 需要學習面對在工作中可以有新的選擇、新的討論空間。逆位時，因為 2 象徵分裂，所以當自己願意傾聽，接納不同想法時，有了討論空間，一切也順利了。

情感關係

壓抑心中的情緒，假象的平衡

　　在曖昧的關係中，寶劍 2 的發展並不順利，可能夾雜過去的傷痕，或是對現在對象的不信任，但又無法敞開心胸溝通，只能固守自己「害怕失去」的狀態。在交往關係中，寶劍 2 需要學習面對衝突，而不是一味想要和平，一味的和平會導致關係沒有交流而冷卻，所以當遇到問題時，不如直接表達出來，透過接納彼此的聲音，才能讓關係進入真正的平衡。

　　逆位時內心已經開始不再擔心衝突，會知道衝突後是可以彼此溝通，也知道衝突也是表達的一種。

建議牌

正位

　　試著看到當前自己的擔憂是什麼，學著告訴身旁的人，傾聽不同的意見。

逆位

　　過去傷痕已經慢慢退去，可以接納自己與他人不同的想法，也堅定自己的立場。

寶劍 3

◆ 3 of SWORDS ◆

> 過度付出、活在他人的期待中，
> 辜負自己的任何需要

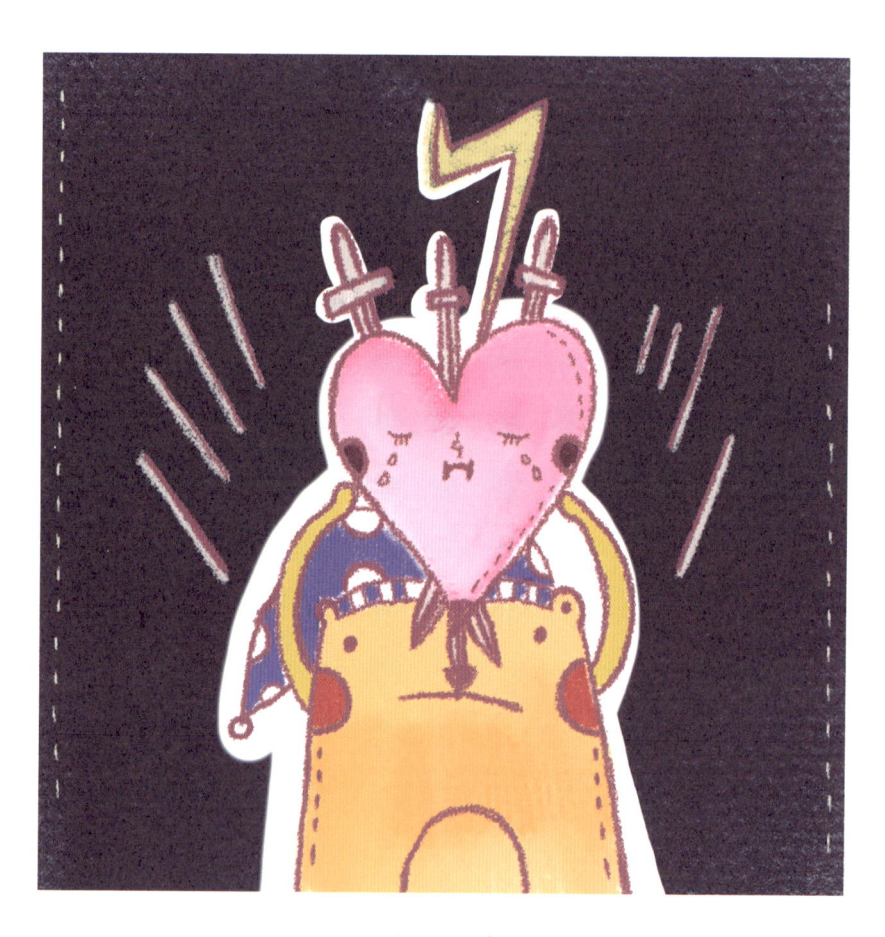

Keyword

心碎、付出過多、沒有自己

基本解釋

　　數字 3 的本質是輕鬆的、合作的，寶劍 3 卻是心碎一地的狀態。整個寶劍牌組都十分在乎「他人與外界」的想法，當我們把重心都放在服務外界而忘了自己，就會出現心碎一地的場面。因為全心全意對他人付出，忘了「我」也十分重要，甚至把他人擺在自己前面，所以不被他人重視時，就感覺心碎。寶劍 3 提醒的是，能不能先聚焦在自己身上，而非他人。

工作事業　學會關照自己的能力，工作中才能取得人與人的平衡

　　寶劍 3 算是使命必達卻被狠狠辜負的一張牌。當寶劍 3 出現時，當前工作可能會遇到把工作或他人的需求看得更重要，導致無法對這份工作或人產生信任。修復寶劍 3 的方式，就是讓自己活得「自私」一些，這裡的自私並非完全不顧他人感受，而是寶劍 3 的出現，就代表太照顧他人的感受，忽略自己，所以回到照顧好自己的本質，讓真正珍惜自己的人留下，而非耗盡心力去取悅他人。有時候寶劍 3 也代表無法再信任而離開，這也是個很好的提醒，無須讓自己被他人「浪費」。逆位時學會照顧自己的感受，試著表達自己，就有機會進入平衡。

情感關係　學會讓關係中，有你也有我，而非讓對方是自己的全世界

　　寶劍 3 有心碎的意涵，但不一定就代表分手。拿到寶劍 3，通常有一方把對方看得比自己還重要，想把所有好的都給對方，甚至完全依照對方的想法行動，當自己有需要時卻不被在乎，就難免心碎。「我為了你而活，而你卻只有你自己」，這似乎是寶劍 3 內心的吶喊，但其實更要學習，如何在關係中我和你達到剛剛好的比例，而不是因為「交往」完全改變自己的型態。有時候寶劍 3 的出現代表三角關係，也提醒當事者，在任何關係中保有自我是十分重要的。

　　逆位時釐清自己在關係的位置，也知道珍惜自己、愛自己的重要。

建議牌

正位

　　是否有過度「付出」的傾向，如果有，請先好好愛自己。

逆位

　　過去曾經有消耗殆盡的狀態，但如今已慢慢找到自己生命的節奏。

寶劍 4

◆ 4 of SWORDS ◆

適度的休息，是人生的一種修行

Keyword

休息、暫停

基本解釋

數字 4 象徵穩定，寶劍的風元素原本一直向外看，這時安靜停留在自己的世界中，也因為寶劍 3 痛得錐心刺骨，似乎讓自己停擺一下，也是一種人生的選項。寶劍 4 正在儲備新的力量，重新去尋找自己要的是什麼，且該如何照顧自己。

工作事業｜輕度工作，維持基本的生計，讓自己暫停一下

寶劍 4 在事業工作中，看起來是個停擺的狀態。大多時候更是提醒當事者，需要好好休息、靜養，但大部分人會回答：「那我的生存怎麼辦、我的工作怎麼辦？」當事者需要先接受好好暫停一下的狀態，生存其實有很多種可能，如果我們認定自己只有一種生存模式，就會停在寶劍 3 消耗殆盡的狀態，試著去尋找能夠讓自己平靜的工作模式吧。

在我占卜的經驗中，大多數人不太能接受自己要暫停一下。但也看過接受建議去好好休息的當事者。在休息的時候，其實是能量穩定的，以輕度的工作維持生計，等到休息夠了，就能創造事業的更多可能和巔峰。

逆位時有兩種狀態，第一狀態是真正休息夠了可以開始行動了，第二種狀態是還在休息，但一直認為自己要做些什麼才行。

情感關係｜停滯狀態是為了雙方都可好好冷靜與思考

在情感關係中，寶劍 4 的重點在於兩個人關係的調整。關係可能平平淡淡，而平淡來自過去曾經發生激烈的爭吵、衝突，還不到放手的程度，但可以先暫停一下。此時適合雙方把重心都挪去其他地方，先不做任何決定，待自己平靜後，自然可以好好溝通，讓關係繼續或放手。

逆位時無法接受關係停滯，內心的焦躁感會不斷上升，屆時建議找身旁的人聊聊，釋放焦慮。

建議牌

正位	逆位
任何事件都需要暫停、暫緩一下。	可能有無法接受讓自己停下來的狀態。

寶劍5

◆ 5 of SWORDS ◆

> 為了創造自己的「絕對」，
> 反而失去支持自己的人

Keyword

控制、失去支持

基本解釋

寶劍 5 是一種失落。牌面中，主角拿著一把劍，但後面的人都轉身走了，可能原本大家要共同作戰，但現在只剩一個人。寶劍 5 的獨留一人結局，可能是在過程中無法接納他人的想法，到最後只剩下自己。寶劍 5 的無法接納他人意見，也可能來自自己的堅持，想要被理解的心無法被看見，而變成看似「過度堅持」，只剩自己的狀態。

工作事業

屏除「絕對」與「完美」，不需要做一個凡事都第一名的人

寶劍 5 出現在事業中，第一個狀態是自己成為「絕對」，這樣確實有機會讓工作更完美，可是堅持完美，也讓身旁的人難以接受而無法共處。第二個狀態是，工作中有堅守「絕對」的人存在。無論是哪種狀態，寶劍 5 都要學會放過自己，不用做第一名才能被看見，或是這份想證明自己的心，裡頭是否藏著想讓誰看到自己的好，以及這樣的好是想讓誰看見（許多時刻，這個誰可能是我們父母、社會潛在的架構。）

逆位時，若是職場中有寶劍 5 的對象，適時心態放軟，或許對方也會跟著放下心中的「絕對」。

情感關係

釐清關係中自己真實的需要，無需放入自己「絕對」的價值觀

既然 5 是過渡期，寶劍 5 也象徵溝通失能的狀態，重點在於要如何調整自己心態，再在這段關係中取得平衡。所有寶劍牌都很在意他人的觀點、想法，寶劍 5 需要先問問自己，在關係中最在乎的是什麼，以及對方現在如果無法達成，到底是自己把想法加諸在對方身上，還是真的有問題存在。先理解自己的癥結點在哪，或許就能重新打開溝通的管道。

逆位能夠站在不同角度觀察關係的狀態，尋找溝通的機會。

建議牌

正位	逆位
試著放下心中的認為，溝通才能奏效。	走過證明自己的階段，知道凡事沒有絕對的對與錯，接納真正合適的意見。

寶劍6

◆ 6 of SWORDS ◆

> 即使需要跨越海岸,最終也能抵達心中的彼岸

Keyword

過渡期、安全過關、尋找歸屬

基本解釋

6 是一個平衡的數字,在寶劍 6 時,寶劍原本傷害的力量轉為平靜的陪伴,又或者這些「傷害」引領我們向下個地方前進,而非繼續讓自己「受傷」。此外,寶劍 6 算是寶劍牌組中少數較為平靜的牌,這張牌也暗示著一種療癒、一種往下一個階段慢慢前進的狀態。

工作事業

遠離受傷,前往新的狀態

在事業中,寶劍 6 代表到達下一個地方,但分成真實的到達和心中的到達。真實的到達,可能是在工作中受傷,決定離開,前往下份工作,而內心的到達則是,想遠離某些環境,或是讓自己不再輕易被干擾。內心的到達,有時也像是默默下了決定,然後開始割捨身旁不再適合的人事物。拿到寶劍 6,有時也代表當事者要前往「海外」的工作,不過因為是寶劍牌,所以在過程中,內心會經歷太在意他人的想法等混亂過程。

逆位時心中的混亂感會增強,但不代表這件事不適合自己,建議尋找專業人士、身旁的人給予意見與支持。

情感關係

修復自己與對方的關係

在情感關係中,寶劍 6 象徵修復的狀態。許多歷經風雨的關係,都會拿到寶劍 6,不過也成為這場關係的考驗,因為時不時會被「受傷的心」拉回。但寶劍 6 最重要的是,如何到達下一個靠岸,所以兩人在互動時,越能保持真實和信任,關係修復的機會也越高。此外,也有滿多是決定分手後拿到寶劍 6。這場修復就成為自己的修煉,如何重拾自己生活的重心,如何慢慢放下傷痛,走向人生下一個起點。

逆位時在面對衝突時,過於緊張和焦慮,試著讓情緒恢復到平靜,再往下一步決定。

建議牌

正位

順著自己的心走,最後可以抵達自心之所向(順流前進)。

逆位

別刻意製造恐慌,你可以去到你想去的地方(逆流依然可以前行)。

寶劍 7

◆ 7 of SWORDS ◆

> 確保這是一個聰明的方法,而非只是捷徑

Keyword

捷徑、聰明的方法

基本解釋

數字 7 代表幸運，遇到寶劍的風元素，也稍微比較歡樂了一點。有人說寶劍 7 似乎有偷的狀態，但這更像是拿走適合自己的，把不適合的留在原地，也要看牌陣整體如何展開。確實有些時候，寶劍 7 代表走捷徑的狀態，捷徑可能帶來快速的成果，但同時因為沒有經過穩定成長，即使得到「看似」好的結果，也無法守住，反而會帶出更多學習的面向。

工作事業：解決核心，就能輕鬆面對

在工作事業中，寶劍 7 代表做得挺不錯，不過最重要的是有沒有解決核心問題，如果沒有，就是在避重就輕。如果已經深入核心，知道問題在哪，哪些該回應、哪些不該，這時的寶劍 7 就是可以輕鬆處理事情的狀態。如果是剛起步或學習拿到寶劍 7，要十分留意自己的小聰明，這份小聰明可以協助你一時，卻無法讓你站穩腳步。

逆位時，開始知道踏實的重要，且在過去的失敗中學習且成長。

情感關係：唯有坦承，關係才得以真正的長久

在情感關係中，寶劍 7 就沒有這麼友善了，畢竟寶劍 7 不喜歡爭吵、不喜歡衝突，所以遇到問題會打馬虎眼，問題其實還在，沒有解決。甚至看過很多寶劍 7 的情況是維持表面的和平，無法徹底面對問題，以免觸碰到自己害怕受傷的心。另外，在曖昧階段拿到寶劍 7，要順利發展的機會不高，畢竟這段關係在「曖昧當下」是真實的，但給予承諾就有待觀察了。許多時刻，寶劍 7 不想面對問題的真正核心，是來自於害怕受傷的心，所以才馬馬虎虎的處理關係，不想一個人孤單，卻又擔心付出真心會被傷害。

逆位時，可以坦承自己的心，誠實面對問題便是最簡單的方式。

建議牌

正位

踏實一些可能更好，或是選擇輕鬆一點的方法。

逆位

坦承面對問題，就是解決之道。

寶劍 8

◆ 8 of SWORDS ◆

> 最大的敵人成了自己,試著走出自己的困境

Keyword

陷入膠著、卡住、創傷

基本解釋

8是個無限、充滿力量的數字，但寶劍有傷害的含義。寶劍8的牌面中，人把自己困在重重的寶劍中，但這些寶劍似乎也沒真正困住當事人，寶劍8把所有的傷害集中在內耗自己，過往可能曾經聽過一些負面的評價，寶劍8把這些意見放在心裡，無限糾結、不停思考過去的傷心事。要走出寶劍8的負面，需要學會正視當前自己的狀態，以及哪些是真實且適合自己的訊息，哪些可以原地放下。

工作事業　練習表達，才能看清楚真實的狀態

在工作事業中，寶劍8可能出現小媳婦的狀態，就是滿腹著心酸和委屈，可是又無法真正釋放，害怕把真心話說出口後會造成不好的影響。不過很多時候，這都是寶劍8自己「想」出來的，而非真實的狀態。當寶劍8出現時，也意味著過去曾經有溝通不良、被批判過的經驗，因此無法說出真正的想法，試著練習表達，一切會往光明的方向發展。

逆位時，開始找到自己的自信，尤其在人與人互動中，會知道哪些評價是適合自己，哪些不屬於自己，不會把所有標籤都放在自己身上。

情感關係　深陷自我懷疑，需要與外界「真實」的溝通

在曖昧階段拿到寶劍8，要成就一段關係的困難度很高，首先是對自己的不信任，以及只要對方做出任何讓自己不開心的行為，都會先憂慮而非溝通。在關係中，寶劍8也帶著自己原生家庭、過往情感，或是這段感情中的大小傷害，讓自己默默被吞噬，不斷揣測對方的想法。

逆位時走出自己的給自己設置的屏障，開始在感情關係中，看到自己與對方的「真實」。

建議牌

正位	逆位
需要練習表達，看見真相是什麼。	慢慢脫離過去帶來的影響，可以選擇表達自己。

寶劍 9

◆ 9 of SWORDS ◆

過去曾經是惡夢的,那也已經過去了

Keyword

惡夢、恐懼、焦慮、夢一場

基本解釋

9 是充滿智慧的數字，也是要學著如何擁有智慧的數字，但寶劍 9 把重心都放在「曾經的傷害中」，而非在受傷的過程中得到什麼樣的啟發，其實仔細看，牌中的人已經從惡夢中起來。不斷掉入過去的惡夢，或許真相只是，那已經是過去式了，而非現在。

工作事業

走出他人的評價，知道自己盡力即可

在事業中拿到寶劍 9，「內心」困難重重。寶劍都十分在意人際關係，也在意自己的學習狀態，寶劍 9 一方面在乎工作中「所有人」的想法，一方面害怕自己無法獲得認同，讓大腦的思緒轉個不停，好像時刻必須維持一個「完美」的狀態。寶劍 9 得適度想想，在工作中能做的是盡力、做好自己該做的，而非做一個完美的人，或只服侍他人想法的人。此外寶劍 9 也暗示，工作環境中可能有流言蜚語，或是過度高壓的工作讓當事者睡眠品質下降。逆位時開始知道過去的事情已經過去，即使還有一些擔憂，但開始拿回自己生命的力量。

情感關係

整理當下真正的感受，學會跟過去告別，才能迎向幸福

在寶劍 9 中的情感關係中，似乎暗示著曾經的傷依舊留存，無論是當下的感情，還是過去帶來的傷害，都尚未好好處理，就要去面對此刻自己已經離開那個環境和傷害，且願意去相信當前的關係、信任彼此。寶劍 9 需要學著疏理自己的感覺、情緒，讓自己回到當下。此外，寶劍 9 可能也暗示關係多重又複雜，兩人關係可能夾雜了其他人，比如雙方的父母，使得整段關係，還加入了其他人的想法。

逆位時可以開始釐清關係的狀態，知道有些傷害已經真正離開了，找到心中的安全感。（但是緩慢的成長。）

建議牌

正位	逆位
當前自己所想的傷害，真實的存在嗎？	可以慢慢離開心中的惡夢，且在過去學習到生命帶來的機會與可能。

寶劍 10

◆ 10 of SWORDS ◆

" 衝破幻象、痛苦,黎明升起 "

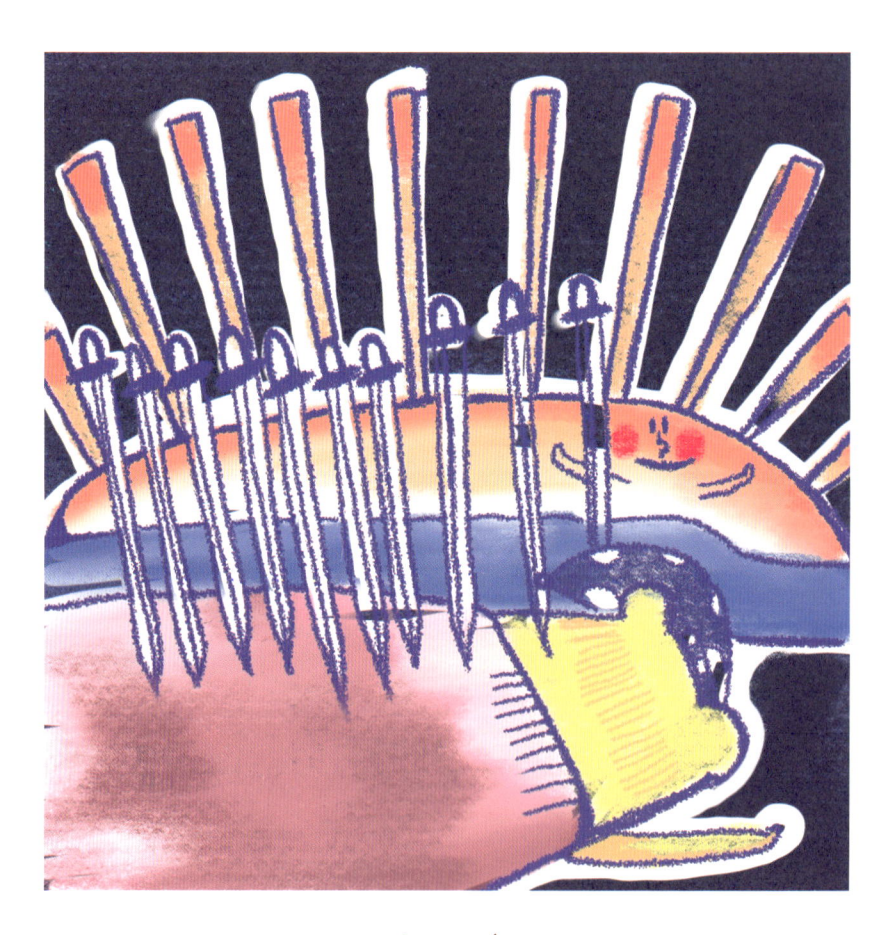

Keyword

大破大立、重生

基本解釋

　　數字 10 是新的開始，而寶劍 10 要做的事就是離開痛苦。或許從寶劍 8 一路到寶劍 10，不斷累積內心的內耗、傷心，堆疊後，走到 10 已經不堪負荷了，牌面上倒地的人似乎被十把寶劍重重傷害著，但也別忘了，彼岸的黎明正在升起，光明終於到來。

　　有些時候，我們也會把寶劍 10 看成小的死神牌。

工作事業

所謂的投降並非真正輸了，而是選擇放過自己

　　在事業中，寶劍 10 是負傷累累的一張牌。走到寶劍 10 終於不堪負荷，決定要投降了，這份投降其實也是在放過自己，寶劍 10 的痛苦有許多來自於身旁人的期待、自己的理想，兩者交錯出現，導致失望越來越多。

　　逆位寶劍 10 的出現，代表這些「過度的思慮」終於要落幕了。有時候也代表離開一個環境，或是情緒的大幅度轉折。

情感關係

就地「放下」，或許就是重生的開始

　　在情感關係中，寶劍 10 某些時候也代表關係的終結，除了關係中有溝通問題，還加上了當事者自身的許多想像，層層堆疊後，才不堪負荷地放手。不過當逆位出現，可以開始正視關係的問題，鼓起勇氣，就地「放下」曾經的糾結、困難，就會出現轉折。別忘了，牌中的黎明正在升起。

建議牌

正位

　　不堪負荷，重傷累累，就地放下，全新的章節開始。

逆位

　　過去陰霾已經慢慢過去，人生邁向新的走向。

# 金幣 1

◆ 1 of PENTACLES ◆

穩定且落實自己的想法

Keyword

穩定、落實、扎根、真誠

基本解釋

1號是強而有力的開始，配上的土元素的穩定，金幣更象徵全面性的落實，相對於權杖1的一個念頭，金幣1的開始是做好計畫，除了行動，更擁有布局的能力。許多時候，金幣1的開始，因為落實了行動，也有了務實的想法，生命就啟動全新的篇章。

工作事業｜落實且穩健的新計畫

金幣1扎實穩定，在工作事業中的發展是十分穩健的，雖然以進步幅度來說，是緩慢的，但這是「我想好了、我準備好了」，於是充滿力量的走出去。許多時候，金幣1的出現代表事業的新氣象、新局面，甚至是創業的落實想法出現。當金幣1出現時，好好敞開心胸，邁開步伐落實自己的想法吧。此外，金幣1也象徵在物質上，無需擔心過多，牌面上大大的金幣，正是一種將自己的想法真實顯化在生命中的物質狀態。

逆位時容易因為不夠有自信，或無法用務實的角度去想事情，以至於事件無法真正開展。

情感關係｜雖然穩健，但需要適度給予火花

詢問曖昧關係拿到金幣1，需要額外透過其他牌面來觀察，這段關係是否存在火花，不然純正的金幣1關係，很可能就是同事、朋友、可靠的合作，而非可以發展的感情。不過若有其他火屬性、水屬性的牌，那金幣1有很大機會發展成穩定的戀情。在交往關係中，金幣1算是願意承諾、願意給予的狀態，不過金幣是土元素，所以這些給予、付出，或許是在實際層面，而非甜言蜜語或言語的關心。金幣1雖然穩定，但也要記得偶爾給予關係一點火花。

逆位時，關係雖然穩定，但有可能出現雙方價值觀、金錢觀不同，可以試著調整看看。

建議牌

正位

穩健的開展。

逆位

自信不足，但是其實已經萬事俱備，觀察自己真實的狀態，展開行動。

金幣2

◆ 2 of PENTACLES ◆

有時候，還需要想想也是一種選擇

Keyword

磨合、等待、再想一想

基本解釋

2 號的出現，象徵二元對立，此時土元素的金幣 2 也開始面臨選擇，不過土元素依然保持著保守的心態，所以手裡拿著兩個金幣在不停思考。雖然依然沒有下決定，但有些時候，不決定也是一種選擇，尤其當金幣 2 出現時，很多時候都可以再想想。

工作事業

有些選擇現在不做，未來可能有更好的安排

在工作事業上，金幣 2 的出現代表著一個新選項，不過還在 2 號的位置，也不用急著做出選擇。即使當下的選項看似更好，但金幣 2 也暗示存在一些未知的風險，所以現在的拒絕或是選擇不做決定，都可能在未來有更好的發展。

現在十分流行斜槓工作，若是金幣 2 出現，剛好有兩份工作，那兩份工作可以相互支持和交替，也不用執著一定要做哪個才好。

逆位時，原來擺盪的狀態終結了，似乎為自己下了一個新決定。

情感關係

學習融合、接納彼此的價值觀

金幣 2 在曖昧階段是十分不利的，因為土元素本來就比較謹慎，此時又在考慮其他事情（可能跟事業、責任有關），所以會建議好好跟曖昧對象聊聊未來，或許可以看到彼此的想法和擔憂，再做出決定。

而像金幣 2 在一段關係中，象徵兩個人在價值觀、想法中磨合，不過這份磨合，可能沒有火元素那麼激烈，有種我開始接納你、你開始接納我的意味，但需要一點點配合，與更多的溝通表達，這都可以讓金幣 2 順暢走到金幣 3 的好好合作。

逆位時，關係中不穩定的狀態，開始有新的決定發生。

建議牌

正位	逆位
可以再想想，無須馬上做決定。	此時想法已經確定了，可以進行下一步了。

金幣3

◆ 3 of PENTACLES ◆

信任彼此,保持暢通的合作

Keyword

合作、尊重

基本解釋

3的合作在金幣3這張牌中徹底體現出來,在傳統的牌面上,三位角色正在搭建教堂,所以有建築師、牧師、工人,三個人站在各自的立場,尊重彼此的專業、想法,讓一切走向平和、穩定的發展。

工作事業 各自分工,學會承擔「屬於自己」責任

在工作事業中,順流的金幣3算是和平的狀態,不過有時候金幣3的出現,也可能代表當事者忘了可以合作,或是不小心扛了他人的責任在自己身上,尤其是逆位的時候。金幣3的穩定來自大家各自知道自己責任,且互相尊重。

逆位的金幣3出現時,要留意此時工作環境、自己內心的情緒,是否是順暢的,假如不是,那是為了什麼有過多擔心呢?也有可能出現合作不協調的部分,需要學習溝通與表達。

情感關係 相互合作、尊重彼此的想法

詢問曖昧關係拿到金幣屬性的牌,都有必要再觀察其他牌面,因為土元素很容易流為朋友、同事、同學的感覺,而非真正的火花,金幣3出現時也需要看看是否有其他較為情感面的牌,來確認是否有「戀愛情愫」的部分,而非單純的朋友之情。

金幣3在穩健的關係中,算是達到平衡的狀態,彼此知道各自要的是什麼,也知道自己的責任在哪裡,不會過度干預。逆位的金幣3則是在提醒,有些責任並非自己的、有些擔憂是過度的,甚至要學會尊重對方的想法,也體現在金幣3逆位時「合作」的重要。

建議牌

正位
保持和平、相互尊重。

逆位
留意是否有過度擔憂、干預的問題。

金幣 4

◆ 4 of PENTACLES ◆

僵化的安全感，帶來的感覺真的舒服嗎？

Keyword

♥♥♥

僵硬、不安全、緊抓、無法放下

基本解釋

4 是個穩健的數字,不過土元素本來就夠穩定了,雙重的穩定反而讓金幣 4 落入一成不變,或是難以接受改變的狀態,把固有的事件、狀態變成安全感,即使安全感帶來的不一定是快樂,但改變過於未知,所以選擇不變,繼續留在「不舒適」的安全區域中。

工作事業 讓工作有所選擇,所謂的不得不如何是自己給的框框

問工作拿到金幣 4,有種「不得不」的狀態,即使不喜歡目前的工作,但想到要改變就覺得更困難,因此把自己鎖在不舒適中。金幣 4 的出現,可以重新檢視當前工作在乎的是什麼,放不下什麼,以及這些在乎和放不下的是真實的嗎?還是因為自己「覺得不安全」所創造出來的。

不過相較於正位,逆位的金幣 4 帶來新的氣象,那些曾經緊抓著的感覺慢慢放鬆,所以也可以回頭看,在正位的金幣 4,那些無法改變、不得不的深層中,藏著什麼傷心的過往。

情感關係 放輕鬆,享受生活時,愛情才會到來

金幣 4 過於堅毅,對桃花來說是十分不利的,談戀愛需要的是面對變動,因為要跟另一個人相處。許多時候,抽到金幣 4 的個案,即使口中喊著想戀愛,可是心中更真實的想法是,要配合他人、改變生活「真的好麻煩啊」。如果能放開這些想法,桃花才能真正到來。

在穩定關係中拿到金幣 4,有種緊繃感,雖然關係穩定,但金幣 4 都有種「死守」某些教條、某些「絕對」的意味,因為抱有這些想法,關係才是安全的。金幣 4 的出現,會帶出關係中可能有人帶著深深的傷痕,以至於想要圈禁這段關係。但逆位出現時,經過反覆的溝通、表達、學習信任,才能慢慢放下這份不安,讓關係擁有更多開放與自由。

建議牌

正位	逆位
覺察有哪些僵化、無法放手的想法?	迎接新的改變,但慢慢來是沒關係的。

金幣5

◆ 5 of PENTACLES ◆

❝ 看似「匱乏」的挑戰，
暗藏更多可以釐清狀態的可能性 ❞

Keyword

艱困、辛苦、膠著

基本解釋

　　5號牌都是辛苦的，因為5號面臨的就是轉變，大多數人不喜歡改變，尤其是金幣牌，金幣象徵安全、穩健、物質，金幣5的原始牌面上看起來冰天雪地，似乎在物質上無法得到滿足，不過仔細觀察，金幣5的牌面擁有兩個人物，也象徵著人在面對改變，尤其在物質、工作、匱乏發生時，身旁都有人願意支持自己，看向自己擁有的，即是金幣5最大的豐盛，也因為被支持，得以走過轉變。

工作事業

看清楚此時的位置，明白當前的位置

　　金幣5在工作事業中，偏向不利的狀態，可能找工作的薪資條件不佳，或正面臨工作改變。但5號永遠只是過程，而非最終的解答，若能從宏觀來看，這個狀態只是一時的，繼續保持學習的心態，最後可以成為一個善用資源的人。不過金幣5的出現都不是那麼舒適，建議學著觀察身旁有哪個人是支持和協助自己的，更能讓自己看清楚此時的位置在哪。

　　逆位時漸漸走出困境，試著更相信自己一些吧！

情感關係

釐清關係的本質

　　問桃花拿到金幣5算是弱勢的狀態，因為本身生活可能就有些狀況，或是底層完全不相信自己會有人愛。當金幣5出現時，若是單身，可以先以調整自己的生活為主，放慢步調，找到生活節奏更重要。在曖昧階段，金幣5要發展的難度非常高，因為代表有一方的生活出現問題，但需要「被關心」而讓關係繼續，適度觀察自己是否可以接納這樣的關係。

　　在交往關係中，通常代表這段關係陷入瓶頸，可能一方有突如其來的改變（可能跟工作、責任有關），改影響到兩個人相處關係，建議此時一起討論、溝通。而逆位時，走過5號帶來的改變，可以讓關係更穩固，但過程是艱辛的，畢竟改變始終都不是一件容易的事情。

建議牌

正位	逆位
釐清狀態，看見支持，慢慢調整。	已離開最辛苦的狀態了，此時可以來到人生新軌道。

金幣6

◆ 6 of PENTACLES ◆

❝ 心態決定是給予還是犧牲 ❞

Keyword
♥♥♥
善的回流、循環、給予、公平

基本解釋

來到6號，6號是一個平衡的位置，牌面上一個看似有錢豐盛的人在「給予」需要的人東西。這位給予者的心態成為關鍵，當心態落在「我願意」，那金幣6是一種善的循環；但如果心態變成高高在上，那就變成了「施捨」，所以看見自己的心態、狀態，也是金幣6重要的一環。

工作事業　對於工作、物質心態如何

金幣6牌面上有兩種人物，紅衣人物給予及兩個接收的小人物，在工作中，我們可以先區分自己是給予方，還是接收方。金幣6在穩定時，處於付出跟得到的平衡中，如果有一方心態偏移，都可能有「不公平的」狀態，例如給予方覺得自己為什麼要給這麼多，接收方覺得自己真的值得嗎？或是自己做的比較多，為什麼不能拿更多等狀態，覺察自己是哪個人物、哪種狀態，也是金幣6的重要環節。

逆位時留意自己的心態是接收者還是給予者，如果接收者，是抱著什麼樣的心態，是卑微的得到，還是自然讓資源到來，如果是給予者，是來自內心的給予，還是消耗自己的給予。

情感關係　物質帶來的落差，是否真的會影響情感發展

在曖昧或桃花關係中拿到金幣6，偏向弱勢，因為這張牌更注重是物質上的平衡，而非情感交流，除非有其他牌輔佐，不然會偏向工作同事居多。在穩健的情感關係中，金幣6的出現，如果平衡穩定，偏向有一方可能賺比較多，但願意付出給予，但逆位時可能出現不平衡，可能是物質條件有落差，雖然給予但不甘願，這時候可以觀察的狀態是，到底是什麼狀態引發自己的不安全感、不平衡感，透過實際溝通討論，找到自己與對方差異，也或許這些差異，在現實中並不會影響雙方的情感。

建議牌

正位
出自真心願意給予、付出。

逆位
尋找心中不公平的念頭是什麼。

金幣 7

◆ 7 of PENTACLES ◆

信任當下、未來，以至於此刻暫停也是平安的

Keyword

暫緩一些、信任未知、看到已經足夠

基本解釋

　　數字 7 除了努力，還有信任、幸運的象徵，而土元素的金幣 7 似乎暫停了下來，或是此時看著前面的努力，思索下一步可以為自己做些什麼，或是滿足的金幣 7，覺得此時此刻剛剛好。7 號體現於在金幣中，是一種可以是為了下一步暫停一下，也可以是一種「滿足」於當下的狀態。

工作事業

看到此刻已經夠美好了，而非多做一些

　　在工作事業中金幣 7 的出現，暗示這份工作「其實做得不錯」，但當事人沒看到自己地板已經滿滿成堆金幣了，還在想自己可以「在做些什麼」，但當事者如果意識到，其實自己已經足夠了，在這個階段，似乎不用再盡力做什麼，偶爾讓事業生活有一點點悠閒，對未來保持開放的心，夠信任自己此時此刻真實的擁有，也夠信任未來在休息片刻後，自然會啟動下一股力量。

　　逆位時容易覺得自己「還需要再多做些什麼」，無法看到自己已經努力到手的成果，甚至會覺得這些擁有的都可能會失去。

情感關係

找到付出與被付出的平衡

　　金幣 7 在情感關係中，曖昧跟桃花關係都可能是停滯的，土元素的牌本來就少了一些火花，所以當曖昧要推進時，整體關係卡在於「少了些什麼」，以至於無法真正的前進。

　　而在穩健的關係中，金幣 7 取決於雙方的心態，因為某個層面已經算是成熟的狀態。逆位時可能有一方，覺得還需要為對方做些什麼、改變什麼，那就變成多餘了，因為那可能是自己內心不安的投射，而非關係中真實的狀態。

建議牌

正位	逆位
覺知自己已經足夠。	需要看到自己覺得「還要更多」的原因在哪。

金幣8

◆ 8 of PENTACLES ◆

預知成功的到來，專注力百分百

Keyword

認真、成功、專注

基本解釋

8號是力量的象徵，土元素很清楚要把力量專注在自己熱愛的、喜愛的東西上，如同牌面上角色專心雕刻自己金幣。金幣8是個心無旁騖的狀態，明確知道自己要什麼，且努力行動。金幣8也暗示一種成功的象徵，即使已經擁有能力、實力，依然願意專注在自己的熱愛上。

工作事業

預知成功的到來，但記得休息

在工作中，金幣8是成熟穩重的，且有個明確的藍圖，知道自己要打造的是什麼，不過唯一的缺點就是希望「更好一點」、「更完美一點」。所以當金幣8出現時，也會希望當事者在工作中，讓自己放鬆一些、記得讓自己休息，都是讓自己可以持之以恆的關鍵。

逆位有過度投入、過度認真的傾向，認真跟投入都不是壞事，但熱情耗盡，就可能要休息一段時間，才能再啟動。

情感關係

讓感情相互有交流，而不是流向公式化

金幣8在曖昧關係，雖然不像金幣2、3一樣沒有火花，會很像SOP的狀態，固定早安晚安，雖然有付出實質關心，但偏向比較公式化的狀態，如果當事者渴望安定情感，就有機會可以發展。交往關係中的金幣8可能出現兩種狀態，第一個是雙方都為彼此付出許多，不過這份付出偏向從自己的方向努力，就像牌卡中的人物專注打造自己的金幣，成了努力打造出自己想要感情關係的狀態，專注雖沒有不好，但感情非固態而是液態，所以抬頭看看身旁的人喜歡什麼樣的交流，才不會辜負這樣的付出。

逆位時有一方或是雙方把大部分的心力放在工作事業上，忽略情感的交流，倘若是這個狀態，則需要好好溝通，明白雙方要的到底是什麼，以及關係未來可以如何發展。

建議牌

正位

穩定前進，但休息很重要。

逆位

過度專注，不鑽牛角尖、不追求過度完美。

金幣 9

◆ 9 of PENTACLES ◆

> 獨立自在的個體，可以成熟與自我對話

Keyword

獨立、自在、成熟

基本解釋

9 號是智慧、成熟的象徵，土元素本來就夠穩重，配上金幣 9 呈現出自得其樂的感覺，牌面上的人也享受這樣的生活、這樣的景色，可以自給自足，不一定要滿滿的社交，可以跟自己好好的相處或獨處。有時候金幣 9 的出現，也暗示當事者可以讓自己「孤單」一下，更能清楚未來的方向。

工作事業｜成熟獨立且行事風格穩定

在工作事業中，看過滿多金幣 9 的當事者，工作型態都偏向個人工作或是獨立作業，就算不是，也代表當事者在工作的成熟度夠高，可以獨立作業。逆位的金幣 9 反而帶來比較大的提醒，金幣 9 正位很享受「自己」的領域，而逆位的金幣 9 則無法享受孤獨，可能會渴望一直有新事物到來，此時回頭看看自己擁有的，或許心裡才能平靜下來。

情感關係｜相較於情感連結，保有獨立、自在更為重要

金幣 9 牌面上只有一個人，其實問戀愛拿到，有種問開心的感覺，大部分金幣 9 其實很喜歡單身的狀態，有時候拿到金幣 9，我都會問，你其實也滿享受現在的吧？大部分當事者都會哈哈大笑，覺得「對！」比起驚天動地的戀愛，此刻擁有個人的小天地是更讚的選擇。進入穩定的關係會有兩個狀態，第一個狀態是有一方十分享受個人空間，如果是這種情況，需要深入了解彼此在戀愛關係中的需求是什麼；第二個狀態偏向兩個人的「獨立性」都滿強的，可能偶爾見見面、聊聊彼此狀態就十分滿足，不過戀愛這件事本來就沒有對錯，所以能走到這個狀態或是接納這樣的關係，都是一種選擇。

逆位時會明明知道自己擁有些什麼，但依然想去嘗試更多，嘗試並非壞事，但這偏向無法看見自己擁有的，而是想透過新的嘗試讓自己弄清楚。

建議牌

正位

享受當下。

逆位

學習讓生活「安靜」下來，試著與孤單相處。

金幣 10

◆ 10 of PENTACLES ◆

"一步一步建立成功之道"

Keyword

圓滿、完整、永續

基本解釋

10是個圓滿、充滿可能性的數字，走到金幣10象徵一個完整的家庭，此外牌面上的卡巴拉（生命之樹）更代表走過了一切動盪，最後落實自己的心願、想法。不過金幣10的圓滿，不是大富大貴的圓滿，更是一種我快樂、身旁的人也快樂的圓滿，當然這份圓滿也代表物質上的和諧。

工作事業

一步一腳印地看到自己的成功

在工作事業中，從金幣8一路來到10，土元素的牌在工作中從來沒有懈怠過，所以金幣10的完整、豐盛，都是一步一腳印的努力，這也符合土元素的做事原則，凡事都要自己親身經歷、親力親為。不過金幣10非個人的成功，也代表綜合了他人的努力，知道事業成功非只有自己的努力，還有家人、他人的支持，懂得謙虛、學習與感恩。甚至許多時候拿到金幣10，有家庭主持企業、事業的可能性，也代表一種傳承。

逆位時容易遇到以客觀條件看來是穩定的，但因為自己的安全感不夠，看不到自己真實擁有的，又或是過度害怕失去。

情感關係

創造一些溫暖，讓情感更加細緻圓滿

金幣10在曖昧關係與桃花中都算不錯，因為眼前的對象是願意承諾與組成家庭的，至少在物質條件上是穩健的，也願意給予。當金幣10出現時，不妨好好考慮，有機會發展長久的關係。

金幣10在感情關係中，正位時都還算是穩定，不過有個小小缺點，就是這張牌注重物質世界多一些，所以少了一點「溫暖」感，所以當這個狀態發生時，讓關係有些火花、讓關係升溫，可以更加分。

逆位的金幣10號可能代表「家庭」、「物質」、「責任」成了關係的阻礙，需要層層去看發生了什麼，以至於無法好好前進。

建議牌

正位	逆位
看見成功的到來、永續的發展。	已經很好卻忘記自己已經做到、過度放大物質與責任的問題。

聖杯 1

◆ 1 of CUPS ◆

展開無條件之愛的道路

Keyword

無條件的愛、純粹

基本解釋

1 號象徵新的開始,而來到聖杯,聖杯是情緒、情感,聖杯的水是滿溢出來的,更象徵一種無條件的愛,完全接納的狀態。在聖杯 1 中,沒有絕對的好壞,而是一種純粹的狀態,甚至我們可以想像聖杯 1 是種出生的感覺,媽媽對自己孩子出生時那種「單純的喜悅」。

工作事業

感覺最重要,記得在工作中疏理自己的「情緒」

在工作事業中,聖杯 1 是個非常吃感覺的狀態,相對來說,金幣、寶劍、權杖都有一定的目標,而聖杯 1 著重感覺,工作時開不開心,整個公司的氛圍好壞才是聖杯 1 想要的,因此當聖杯 1 出現在工作中,「感覺」成了主要的因素。

逆位的時候,則會有委屈的感覺,或是有某件需要忍耐的事重複發生,或覺得自己需要被拯救,但回到現實面,講出自己的想法、表達自己的感覺,才是解決問題的根本之道。

情感關係

每一段愛的關係,都要從愛自己開始,再繼續付出

聖杯 1 既然這麼講求感覺,問桃花時拿到這張牌,確實有機會發展,但逆位的時候,會流於只是當下的感覺,而非真正可以發展成為穩定的關係。

在交往關係中,聖杯 1 的出現,象徵包容與愛。需要留意逆位時的狀態,很容易有種問題重蹈覆徹,例如表面上原諒對方行為,但內心其實無法真正接受,要去看自己是否「真心」諒解自己和對方的問題在哪,而非一味的原諒。

建議牌

正位	逆位
愛自然的流動、包容。	坦承面對自己的感受,而非表面接受,內心卻不能接受。

聖杯2

◆ 2 of CUPS ◆

❝ 接納彼此的不同,看見愛的可能 ❞

Keyword

接納不同、真誠的愛

基本解釋

走到 2 號的分裂，雖然 2 象徵的是對立，可是聖杯的屬性本質就是愛與接納，所以相對其他牌組，聖杯做出了不同的選擇，就是接納這些不同、接納彼此的差異，這也是為什麼大家都說，愛是最大的力量，因為即使看到不同的之處，也願意包容。

工作事業｜尊重彼此的差異創造良好的合作

在工作事業中拿到聖杯 2，算是穩定的合作，且除了事情可以發展順利外，也會彼此尊重，也注重在互動時的感覺、情緒如何。不過需要留意當聖杯 2 在問題位時，也代表當時合作、工作的人，可能有些情緒，在處理事情前，要優先解決情緒問題。

聖杯 2 的逆位，則是失去原本關係中的距離與界線，但這份距離與界線反而讓彼此互相尊重，而失去距離的關係，可能就會變成控制、用自己想法替他人做決定。

情感關係｜接納彼此的差異性，讓關係有更多融合

在情感關係中，聖杯 2 算是滿有趣且正向的牌，在戀人牌中可以看到強烈的吸引、緣分，而聖杯 2 被稱為小戀人牌。在戀人牌藏有許多玄機跟需要學習的關係問題，這些比較大的課題反而在聖杯 2 變得清楚跟清晰，也簡單許多，所以大部分聖杯 2 在單身桃花時，都是不錯的象徵。

交往關係拿到聖杯 2，除了象徵關係安定，也代表尊重差異性的重要。但逆位時，需要留意自己是否承擔了對方的情緒，或是自己覺得對方的某件事讓自己有過多的情緒，比如對方失業了，自己卻陷入窮緊張的狀態。聖杯 2 的提醒是，尊重、信任自己跟對方都可以解決自己的問題，有問題可相互討論，讓關係成為一種支持與陪伴的存在。

建議牌

正位	逆位
良好的互動、相互尊重。	過度擔憂對方的狀態，或是承擔對方的情緒。

聖杯3

◆ 3 of CUPS ◆

> 在任何關係中,學習在人與人的相處中,
> 找到自己情緒的平衡與自在

Keyword

♥♥♥

歡慶、慶祝、複雜的情緒流動

基本解釋

3 號是關於合作的牌，聖杯 3 更體現了相互合作的喜悅與快樂，不過在 3 號的合作中，聖杯主要是情緒感覺，而且偏向比較表層的，而非真正深層的交心，因為在聖杯牌組中，大家感覺快樂似乎比自己快樂更加重要。（聖杯的學習都與他人跟自己的互動有關，3 號牌因為牌卡上的人多了，重心開始轉移到他人身上。）

工作事業｜在工作中保持人與人之間的情緒覺知與觀察

聖杯 3 有種歡樂和慶祝的感覺，在事業中算是成功，也像是大家都取得自己想要的感覺，不過要留意聖杯 3 的快樂偏表層，而非深層明白自己與他人的關係，但工作偏向理性面，所以聖杯 3 依然算是不錯的。

逆位的聖杯 3 則需要十分小心，因為聖杯還在學習自己與他人的關係，牽連三個人關係的複雜度更高。逆位時，要留意合作對象，以及是否有被利用的可能。聖杯 2 和 3 的逆位都容易過度關注他人的想法，不過聖杯 3 更傾向討好的狀態，可能因為工作有需要「討好」的對象，也可能不敢在對方面前表達自己，才出現聖杯 3 的提醒：自己的感覺也十分重要。

情感關係｜釐清關係中，自己想要的承諾還是當下的開心

在情感關係中，聖杯 3 的複雜度高於聖杯 2，在問桃花時拿到這張牌，有種表面很開心、很好玩，可是真的要發展關係時，對於負責任有一定的難度，或是更在乎當下的感覺，而非發展穩定關係。逆位時需留意，可能有三角問題。在交往關係中，聖杯 3 也有種半逃避的狀態，雖然表面上大家都好，但要討論比較深層的議題時，會有一方逃避或是還沒準備好，這時要去溝通討論，比較需要耐心、或是用比較幽默、有趣的方式去推進關係。

逆位的聖杯 3，除了會過度擔憂、擔心，三角關係也不限於「情敵」，第三個人有可能是對方的家人、朋友或是工作，成為感情中的阻力。

建議牌

正位	逆位
慶祝於當下，享受於此。	過度在意對方，尤其會討好對方。

聖杯 4

◆ 4 of CUPS ◆

❝ 跳脫既定的安全感，
迎接挑戰，是「心」的歸屬 ❞

Keyword

♥♥♥

新的挑戰、安全感考驗

基本解釋

走到 4 號的穩定，聖杯 4 在原本的韋特牌中，是天空遞出一個杯子給主角，而到底要不要接收，他也還在想，畢竟對 4 號牌來說，安全穩定是首要考量。不過聖杯的本質本來就跟接納有關，不如問問自己的心「想要嘗試嗎？」，如果回答是 yes，那接納未知也可能迎來新的安全感。

工作事業

跳脫既有的安全感，可能是新的歸屬到來

在事業中，聖杯 4 代表新挑戰的到來，那可以去嘗試嗎？透過這麼多實戰經驗，選擇去挑戰的成功機會都滿高的，因為聖杯的出發點是愛而非恐懼，但由於在生存中，習慣了某些行為、狀態，要改變得克服一些心魔，聖杯 4 的出現，代表不妨試試看，或許會看見新的可能性。

正位時，代表這個挑戰還可以再思考一下。而逆位的時候，這個挑戰算是送到家門口，你就是要接受，但也代表，你其實是被信任的，所以跳脫「自認為的安全感」，可能會找到全新的歸屬。

情感關係

接納情感中的變動，讓「真實」安全感到來

在單身時拿到聖杯 4，是否要接受新的感情呢？這張牌的出現隱約在告訴當事人，可以往前走了，或許透過不同的人事物，可以真正化解過去在情感中受的傷。有時候拿到聖杯 4 也會出現全然跟自己想像不同的對象，但那也是一種嘗試，許多時候，感情能穩定下來，並非剛開始的天雷勾動地火，而是明白如何相處、在關係中做自己。在交往關係中，聖杯 4 代表了關係隱約有新的狀態，可能是一方有新的變動，或是有些新想法，但也還在想，這個變動會對關係有什麼影響。聖杯既然是以情緒感覺為主，這時候討論與溝通成了向前邁進的重要步伐。聖杯 4 提醒著當事者，一個人想不一定會有結果，但兩個人想，說不定就有了新的勇氣和方向。

逆位時就比正位有動力多了，會有更多勇氣去接納新的變動。

建議牌

正位

或許跳脫既定的安全感也沒有不好。

逆位

大膽迎接挑戰吧。

聖杯5

◆ 5 of CUPS ◆

❝ 不委屈的付出才是真實的愛 ❞

Keyword

失落、悲傷小世界、看到真實需求

基本解釋

5 號是轉變的開始，對於聖杯 5 來說，轉變是一件很辛苦的事情，前面有三個杯子，這也象徵聖杯 3 那些表層的開心，好像已經不符合聖杯要的「真實接納」。聖杯 5 的到來，象徵在情緒層面往更深層的互動與接納前進，只是要先接受原來自己認為的美好已經不存在，進而有失落的感覺，但聖杯 5 絕對不要只活在難過中，轉頭後依然有兩個杯子在等著我們，那些被遺忘的支持，可能一直都存在著。

工作事業

找到人與人的界線，看到平凡卻可貴的支持

在工作事業中，還記得聖杯 3 表面的美好，或是因為希望大家都好，忽略自己感受的狀態嗎？聖杯 5 在承擔一種「我犧牲了自己，希望大家都好，但沒想到居然沒有人在意我」的狀態，所以遇到了像是失落、不被認同或是被冷落跟忽略。但這張牌的出現，是希望當事者，回到自己身上，且在工作中試著區分，哪些感情需要深耕、哪些需要保持同事之情就好。此外，聖杯 5 從來沒有被真正的放棄，因為後面的杯子代表有些「真實」認同一直都存在，回頭看看那些「被遺忘的可貴支持」是十分重要的。或許這些可貴支持被視為習以為常，但平凡也是最難能可貴的。

聖杯系列從 5 號牌開始慢慢轉向真誠與內在，這也是人際關係中最重要的，到底哪些人該放在哪些位置，人與人的界線在哪，都是需要慢慢學習的。

情感關係

透過情感關係，看到自己要的真實是什麼

聖杯 5 的出現對於單身桃花而言，算是比較不利的牌，畢竟以聖杯的成長之路來看，聖杯牌組在 5 號前，都很容易把對方的需求放在首位，而非自己的。所以聖杯 5 的失敗，也代表其實當下的對象更在乎的是他自己，而自己的情感需要是被對方忽視的，所以需要回頭檢視自己情感需求才是重要的。很多時候，拿到聖杯 5 也代表看到自己的需要，願意在尋找桃花之路時，知道照顧自己的重要，因為自己穩踏踏實了，進而開啟一段適合的感情之路。

在交往關係中拿到聖杯 5，不是純粹的失落跟難過，而是在情感中

對對方有所期待,但聖杯是感覺,變成了「我感覺對方應該要如何如何……」,當對方沒有達到這些期待時,就帶來失落感。聖杯 5 並不是一張分離的牌,而是意識到自己的期待與現實不同,那麼該如何調整自己、如何表達都成了這段感情的重要關鍵,而且最後回頭看到的那兩個聖杯,也代表在感情中,兩個人依然都是獨立個體,尊重彼此的差異,是聖杯需要學習的。

聖杯 5 的逆位,象徵著一場愛的試煉,在愛的過程中可能失去自己,但依然沒有放棄,不斷修正、調整,找到雙方的平衡。

正位	逆位
不犧牲自己討好他人,面對自己內在真實的渴望,並且回頭看看原本支持自己的。	找到關於愛想像與現實的差異,尊重對方也尊重自己。

聖杯6

◆ 6 of CUPS ◆

愛與被愛的平衡

Keyword

貴人、勇敢給予、大膽接收

基本解釋

6 號是個平衡的數字，經歷聖杯 5 的動盪，到聖杯 6 中是一種給予和被給予的狀態，在韋特牌面上是類似長者與後輩的模樣，而我們可以是給予方，也可以是接受方。這份給予出自「真誠的愛」，因為在聖杯中已經學會分辨到底哪些愛是自己需要的，到聖杯 6，我們才能給予對方需要的，也才能告訴他人我們需要的是什麼。

工作事業
知道自己的感覺，所以無論施與受，都出自感謝與真誠

聖杯 6 的出現，無論正逆位，都算是不錯的發展，如果是接受方，聖杯 6 算是一張貴人牌，對方出於自身的豐盛，所以分享、給予，而當自己是給予方時，也是站在有溫度且適當關懷的角度。

不過逆位的時候需要留意，是不是給得太多了，或是對方真的需要那麼多嗎？不過這似乎也是聖杯的通病，在給予的時候，常常忽略了自己。

情感關係
彼此信任，在給予跟被給予中找到平衡

問桃花拿到聖杯 6 的正逆位，都算有不錯的發展，有時候拿到聖杯 6 也會遇到年紀、社會地位相差的問題，但其實這些不過是普世價值，每個人都有「愛」的權利，也有賦予自己要什麼樣的愛的能力，如果真的遇到以上的差距問題，就勇敢去愛吧。

聖杯 6 在穩定關係中，會彼此照顧。但要記得，逆位時的關心、給予，有時候會太多，而這可能來自於自己不信任對方，例如覺得對方可能做得不好，所以就自己默默去把這些完成，試著放輕鬆，先照顧好自己，學習信任對方，會讓關係有所成長。

建議牌

正位	逆位
好好接受愛吧。	付出與接受有可能失衡。

聖杯 7

◆ 7 of CUPS ◆

透過行動來看到實際與想像中的差異

Keyword

幻想、夢幻、想得多做得少

基本解釋

7 號是個努力、信任未知的數字，聖杯以感覺為生，所以聖杯 7 是一個想法滿滿的狀態，而非落實。聖杯 7 有許多美夢，看似美好，但少了行動力，導致想得多做得少的感覺比較強烈，但如果願意去實踐，依然有機會落實這些夢想。

工作事業　學習行動、落實，理想會真正成真

在工作事業中拿到聖杯 7，會有想得多做得少的狀態，以及有時候流於只有想法。不過像是行銷、策略型態的工作，正位的聖杯 7 基本上算是執行了「一直感覺、一直想」的狀態，如果不是上述工作，就會變成眼高手低的狀態。

逆位的聖杯 7 反而有行動力，天空的杯子終於落地，也鼓勵當事者去嘗試看看，有些事情在嘗試過後，馬上就有下一個方向，也可以立刻知道自己合不合適。人生就是這樣，透過經歷，才有可能真正落實理想。

情感關係　不夢幻的感情，才是真切的愛

聖杯 7 既然這麼喜歡想，單身時腦內的小劇場可沒停過，但因為缺乏行動力，所以即使有再多感覺，少了行動，也難促成感情發展。在交往關係中，雙方都對彼此有許多感覺想法，有時候甚至會拿出來說，但要真正落實，就覺得自己還辦不到，或是還不夠，所以不能怎麼樣，聖杯 7 需要學會的是，看見自己想要與實際的落差，才能在感情中找到安定。（聖杯 7 對感情有時候過於夢幻，所以才要看到實際的戀愛是如何，透過自己跟外界給予的想法去真正體驗，而非在想像中的感覺。）

逆位時聖杯 7 開始為自己的情感、喜歡付出行動，並且有在付出行動後得到不錯的回報。

建議牌

正位
展開行動吧，才能知道自己真實要的是什麼。

逆位
正在落實計劃，不要放棄，但可以隨時調整。

聖杯8

◆ 8 of CUPS ◆

孤獨是為了感受自己真正想要的是什麼

Keyword

放手、獨立、尋找

基本解釋

8號象徵的力量是無限的可能,在聖杯8的牌面上,主角離開已經擁有的聖杯,探索心中渴望的愛是什麼,聖杯8需要去尋找,過去存在的聖杯是不真實的嗎?那也不一定,只是有些時刻,透過離開當下「這麼多的情感」,在獨自一人的時候,或許才能看到最真切的愛是什麼。

工作事業 透過抽身,去尋找自己心之所向

聖杯8在工作中,有時候會代表離開的狀態,而離開有兩種可能,第一種是在當前工作找不到真正的歸屬,想要踏上新的道路,第二種是偏向對原本的環境失望,而轉身離開。但無論哪種離開,聖杯8都在找尋自己的「歸屬地」,以及某些時刻,聖杯8並沒有真正離開環境,而是從某些人事物的情緒中抽離。

逆位聖杯8的感覺是十分複雜的,一邊眷戀著曾經的美好,一邊又提醒自己需要釐清。聖杯8的逆位在提醒當事者,某些好與不好只存在過去,放眼當前,做出選擇吧。

情感關係 放手,存在不同層面,但更多是找回自己到底要的是什麼

聖杯8在單身的感情中,偏向獨立自主,這也代表當事者有某些情感的傷痕,此時更需要找回自己。在交往關係中,聖杯8代表一種分離,對於感情感到失望,不想再擁有。這背後的原因可以透過短暫從關係抽離去尋找,這份情感可能包含太多複雜的情緒,無論好與不好,混在一起是無法釐清的,但回到獨自一人時,看清楚後再決定也不遲。

逆位的聖杯8跟工作一樣難處理,到底自己要的是什麼,無法決定要前進還是後退。聖杯8代表必須學會信任自己的感覺才是有骨氣,放手不單單是結束關係,有時候也可能代表一段不開心的回憶,或是曾經受傷,在轉身後,或許就能迎來新的開始。

建議牌

正位	逆位
展開獨自尋找自己的旅程吧。	放手,是解脫的唯一選擇。

聖杯9

◆ 9 of CUPS ◆

找到界線、找到自己的歸屬，
心之所向帶來的成功滿足

Keyword

成熟的情感、穩定的界線、自給自足

基本解釋

9 號與智慧有關，經過了聖杯 8 的自我探索，似乎開始明白自己的情緒、感覺，以及對自己來說什麼是愛。在聖杯 9 中，傳統韋特牌是一個人手插著腰，自信滿滿的坐著，上面有九個滿滿的杯子，這九個杯子也象徵無論來自外界還是自己，聖杯似乎終於找到一個與自我相處的方式。

工作事業　找到自我定義的成功，亦是美好的誕生

聖杯 9 在工作中代表成功與自滿自足的狀態，其實在整個聖杯牌組中，聖杯一直要的是一種美好，在聖杯 9 中體現了這樣的成功，或許聖杯 9 跟外界說的大富大貴有些差異，但在學會跟自己相處後，也能終於明白，原來自己對「成功」的定義是什麼。（也有一些情況是，經歷聖杯 8 的自我探索道路後，到聖杯 9 找到與金錢相處的關係，也有機會獲得物質上的成功。）

逆位聖杯 9 依然在提醒，在個人與社會框架中，到底滿足誰才是最重要的。聖杯 9 逆位提醒當事者，回到自己的世界，重新定義這件事。

情感關係　擁有界線，獨立成熟的關係

在單身桃花拿到聖杯 9，似乎沒有這麼有力，在傳統韋特牌面上，聖杯 9 的人物手插著腰，也代表防備的狀態。或許聖杯 9 沒有想防備誰，但在此時，保有個人的時間比戀愛還更加重要。而逆位的聖杯 9，也不代表會發展成穩定的關係，因為還沒搞定自己到底想要的關係是什麼。在交往關係中拿到聖杯 9，以成熟的狀態來說，算是彼此給予對方空間的狀態。而逆位的聖杯九體現的是界線模糊，或其中一方渴望更多愛的狀態。拿到聖杯 9 逆位面對當前的關係需要調整心態。

聖杯最大的問題就是容易把感覺放在心裡，忍耐到極限就爆發，最好的方法是覺察後，試著與自己的感覺溝通，就能增加被理解的機會。

建議牌

正位
知足所帶來的成功。

逆位
搞清楚自己與外界的框架，到底誰是自己真正的主人。

聖杯 10

◆ 10 of CUPS ◆

落實真正的「愛」，找到真正的歸屬

Keyword

圓滿、美好、家庭、群體

基本解釋

10號是新的開始、圓滿的狀態,聖杯10經歷一路成長,透過與外界的互動,找回自己的真心,終於到聖杯10,找到所謂內在真實的圓滿狀態。

工作事業

來自各界祝福支持,方才獲得的成功

在工作事業中拿到聖杯10,是種皆大歡喜的感覺,可能是某件事的成功,但這份成功並非個人的,而是群體的,或是被某些人支持,走到聖杯10的圓滿。需要留意的是聖杯10的逆位,逆位時會有種期待大家都好的狀態,甚至會限制圓滿的條件,比如自己必須怎麼樣、他人需要怎樣,才符合心中美好,聖杯10逆位的需要調整是心態與想法。

情感關係

所謂完整與美好究竟該如何定義跟拿捏

在單身桃花拿到聖杯10,無論正逆位都算是還不賴,至少雙方都有意願去創造一段完整的關係。但要留意聖杯10逆位的狀態,可能很快會討論到組織家庭或是未來,這在某種程度上是來自過去對於原生家庭的缺憾,想要彌補的心態,建議慢慢來,或許可以讓雙方的價值觀磨合得更好。

在交往關係中拿到聖杯10,體現出滿足的關係。但當聖杯10在問題位時,代表家族中的人事物有些波動而影響關係。需要留意,如何在家族與關係中取得平衡,以及有哪些想法需要鬆動,比如有過於控制的父母,如何讓自己與父母放手。

逆位時,依然會有想透過「擁有家庭」完整自己世界的感覺,當事者需要以務實的層面去思考,組織一個家庭的現實考量是什麼。

建議牌

正位	逆位
找到自己感情面的圓滿。	透過關係彌補自己的不安全感。

Chapter 4 宮廷人物牌

🐱 基本介紹

在宮廷人物中，分別有代表青少年的侍者、開始有所成長的騎士、已經掌管國家的國王，用愛支持大家的皇后，而配上四元素風火水土，則有了十六張人物牌。解讀宮廷人物的困難度稍微高一些，第一個遇到的問題通常是，牌面就是一個人物，該如何解釋，第二個問題則是，每個宮廷人物都有雙重元素，權杖侍者雖然是權杖的火元素，但侍者代表風元素，所以了解雙重元素的互動也成為宮廷人物的重點。

⭐ 宮廷人物所代表元素

風	火	水	土
侍者	騎士	皇后	國王

🐱 解讀關鍵

當我們遇到宮廷人物時,試著想想這個人物會有什麼情緒,而這樣的情緒會帶什麼樣的影響,試著用這個想法去解讀,會容易許多。為什麼會特別把宮廷牌的人特質拿出來講,我們在解讀時看到有宮廷牌,大多數會陷入一個比較困難的狀態,但此時可以想,這可能代表事件中有一個這樣的人存在,或是此時這樣「宮廷人物」的情緒正影響著整個事件。

權杖侍者的人格特質

正位 馬上就要出發,熱情滿滿。

逆位 走了一下下,就覺得不好玩了,想半途而廢,或是中止計劃。

權杖騎士的人格特質

正位 絕對的意志、鼓足勇氣、大步邁進。

逆位 得失心過重、過度在乎當前的結果、無法克制。

權杖皇后的人格特質

正位 影響力、號召力、帶著愛行動。

逆位 無法接受負面評價、用自己的步調框架他人。

權杖國王的人格特質

正位 正向的影響力、激勵人心、領導。

逆位 過分在乎評價、無法接納理性的建議、活在自己「謊言」小圈圈。

寶劍侍者的人格特質

正位 收集資訊、學習快速、懂的讀空氣。

逆位 容易被影響、不知道自己內心真正要的是什麼。

🗡 寶劍騎士的人格特質

正位 衝衝衝、為自己出征。

逆位 過於莽撞、不考慮後果、不顧慮他人的感受。

🗡 寶劍皇后的人格特質

正位 冷性卻帶有溫度、明確知道自己的界線、判斷力極佳。

逆位 過度內耗、批判性過高、無法冷靜。

🗡 寶劍國王的人格特質

正位 快速策畫、掌握方向、資訊整體快速。

逆位 不近人情、無法柔軟看待事物、過於絕對。

★ 金幣侍者的人格特質

正位 腳踏實地、實事求是、按部就班。

逆位 故步自封、忘記自己的價值、過勞或是把一件事困難化的狀態。

★ 金幣騎士的人格特質

正位 穩定成長、腳踏實地、預估風險。

逆位 劃地自封、價值感低落、行動不足。

★ 金幣皇后的人格特質

正位 溫柔耐心、傾聽陪伴，精打細算但又不失溫度。

逆位 刻苦耐勞、錯估自我價值、無限原諒。

★ 金幣國王的人格特質

正位 擁有原則、落實夢想、發揮最大效益。

逆位 斤斤計較、小心眼、眼界狹隘、沒有安全感。

聖杯侍者的人格特質
正位 好玩幽默、富有彈性、具有創意性。
逆位 幼稚的情緒、豐富的內心戲、容易與他人比較。

聖杯騎士的人格特質
正位 能夠為他人設想、細心周到、體貼關心。
逆位 想太多、在乎他人的想法而無法行動、有偶像包袱。

聖杯皇后的人格特質
正位 不吝嗇付出、憐憫之心、珍惜尊重自己的感知、感覺。
逆位 陷入悲傷的情緒無法自己、無法與當下自己連結、過度同情身旁的人事物卻沒照顧好自己。

聖杯國王的人格特質
正位 肩負責任、恩威並施、為人著想。
逆位 孤傲、逃避自己的情緒、用自己的情緒解讀他人想法。

示範解讀 1（把宮廷人物的情緒、人格特質帶入）

問：當前這份工作發展拿到權杖皇后是什麼發展。

回答：首先權杖皇后擁有權杖的積極，以及皇后水的溫柔，所以這份工作一定是有光明向前的可能。不過我們再想想，火加水的組合，其實不那麼穩定，所以這份工作可能會讓當事人在情緒面向有許多複雜的感覺。整體來說，在客觀面是看到更多的價值，但感性面需要去整理自己的感覺。

示範解讀 2（把宮廷人物的情緒、人格特質帶入）

問：當前遇到一個曖昧對象，拿到聖杯侍者，請問可以發展嗎？

回答：這段關係中會有一個人像是聖杯侍者的狀態，聖杯侍者有著好玩卻不穩定的感覺，所以可以先問自己，目前是如何看待情感關係的。聖杯侍者也可能跟對方有關，對方當前是抱著有趣的心態在試探這段關係，如果是問「穩定」的發展，看起來會有點辛苦，但如果保持彈性、開放的心態，或許可以發展看看。

權杖侍者

元素權杖：火
人物元素：風

想到就立即出發吧！

Keyword

熱情、三分鐘熱度、如何續航

基本解釋

　　侍者是青少年，加上權杖火元素，更加深一種想嘗試看看，無論後果是什麼的感覺。不過侍者們都有三分鐘熱度的狀態，或許拿到權杖侍者可以想成這是一場經歷，不要把事情想太過完美，以至於落差過大。逆位時可能會今天覺得熱血滿滿，但隔天就疲乏了。

事件帶來的情緒與影響：
一股心中湧出的熱血跟熱情，即刻出發。

事業　　帶著雀躍的心嘗試，但練習不去檢討自己的成敗。

　　若用嘗試的心態，可以挑戰看看。但長久來看，一開始衝勁滿滿，但一小段時間後，因為一開始用了太多力氣，會有很重的無力感。也可能因為當初過於期待，出現落差，導致自己無法再前進，需要適度評估與回到理性思考。耐心是權杖侍者的訓練。

感情　　學會面對問題，才能讓感情好好走下去。

　　一開始有種深深被在乎、熱愛的感覺，不過中期容易用不成熟的心態看待。情緒來得快去得快，需要學會好好表達，且真切做到雙方給予的約定。無論桃花關係還是交往關係，起初的熱度很高，互動很密切，可是一段時間後，當關係開始磨合，權杖侍者會不想溝通，覺得溝通很困難又麻煩。遇到權杖侍者逆位時，試著想想，是否可以接受這樣的情感關係。

建議牌

正位	逆位
可以嘗試看看，但記得不要求完美。	此時想要啟動的原因是什麼呢？

元素權杖：火
人物元素：火

權杖騎士

以堅定的意志去完成自己的夢想

Keyword

意志堅定、勇往直前、過度執著

基本解釋

雙重火元素，讓權杖騎士有滿滿的意志力向前衝，比起來，寶劍騎士的風屬性，還有可能被影響，火元素滿滿的權杖騎士，可是有堅定的信念向前邁進。權杖騎士雖然是個可以達成目的的人物，但在過程中過度「用力」，容易有耗損自己，或是在付出和回報不一致時，出現較強的得失心。逆位時容易出現人際的議題，容易只顧自己的目標，卻忘記照顧他人的感覺。

事件帶來的情緒與影響：
在行動時，時刻調整自己，就能達成目標。

事業 / 保持耐心、克服得失心，目標達成勢在必行。

在事業中，權杖騎士發揮穩定時，是個事事都能達標的狀態，不過權杖騎士擁有堅定的意志，知道自己要做些什麼。也因為火焰是耀眼的，在工作中，權杖騎士的做事風格難免會招人臆測或閒言閒語，不過權杖騎士最大的重點是要克服自己的續航力和耐心，以及在面對事情時，可以知道某些結果只是暫時，稍微調整自己、稍作休息，都能達成目標。

感情 / 說明白自己的心意，可以讓關係更穩定。

在感情中，目標明確的權杖騎士，是勇敢愛的代表。不過在相愛的過程中，由於權杖騎士是兩個火的元素，對於許多事情會不想解釋，有時候會用自己的想法去照顧對方，但不一定是對方喜歡的，導致雙方的認知有誤差，造成關係中有衝突發生。權杖騎士出現時，無論正逆位，好好表達自己在關係中想要給予對方什麼，都能緩解關係的衝突以達到平衡。

建議牌

正位	逆位
記得保持續航力，可以付出但不要耗盡全力。	當前的出發、付出，我的方向是什麼，現在可以做出什麼調整？

權杖皇后

元素權杖：火
人物元素：水

自我價值的強大展現

184 塔羅解讀入門課

Keyword

感染力強大、領導力、影響、愛面子

基本解釋

　　權杖皇后是個火水交織的組合，發展穩定的時候，可以帶來領導力、影響力，去激勵周圍的人，讓他們感到安心跟信服。可是發展不平衡時，內在火與水的力量無法消融，就會變成情緒起伏過大，或是一有反對意見出現，就會覺得自己沒有被認同，而感到挫敗感十足。無論如何，權杖皇后絕對是擁有影響力的，所以在過程中適度調整自己是必要的。逆位的權杖皇后容易自我膨脹，適度傾聽「客觀的」建議，是十分重要的。

事件帶來的情緒與影響：
運用自己光明的信念，帶來正向的影響。

事業　理性為權杖皇后的影響力帶來一片光明。

　　在事業中，權杖皇后是有勇氣、有謀略、有想法且可以執行的一張牌，火元素加上水元素，感染力十足。這張牌出現時，信任自己也是重要的關鍵。失衡的時候，會過度在意身旁人的回饋，好的、不好的全都吸收進去，以至於在執行事情時，變得十分情緒化。拿到權杖皇后需要學習，如何分辨周圍人事物給予的意見，對於自己是否有幫助。有時候權杖皇后也會因為在乎面子，忽略「真實」可以嘗試的意見，而對阿諛奉承的話言聽計從，穩定自己的情緒、理性的分析，對權杖皇后而言都是重要的。

感情　放下過多的尊嚴，讓感情更為輕鬆自在。

　　在感情中，權杖皇后是個勇於為愛出征的狀態，不過無論正逆位都有一個問題，就是在感情中很在乎輸贏。這份輸贏除了在外顯層面，是否贏得外在的尊重，或是內在層面，兩人溝通時，自己有沒有被尊重，或對方是否在乎自己的意見、尊嚴，對權杖皇后來說都十分重要。權杖皇后出現時，也代表關係中雖然持續有力量可以前進，但在感情中只有兩個人幸不幸福才是重要的，有時候放下身段、放下外界眼光，都可以讓自己活得更輕鬆。

建議牌

正位	逆位
看見自己的影響力，持續前進吧。	在擁有行動力執行時，我是否也擁有理性面向看待事件的發展。

元素權杖：火
人物元素：土

權杖國王

❝ 克服心中的躁鬱跟不信任，達成夢想 ❞

Keyword

執行力十足、果斷決策、情緒領導

基本解釋

　　火配上了土元素,是個艱辛但續航持久的搭配,因此權杖國王是擁有執行力,也能夠發揮個人魅力的一張牌。不過火加上土的配置,讓權杖國王必須時刻保持在持續有想法且得以行動的狀態,也會帶來不小的壓力。拿到權杖國王可以給予自己足夠理性的空間去判斷決策、傾聽他人,這都是可以成長的方向。逆位的權杖國王容易以結果為導向,或是不斷無止盡的擴張。

事件帶來的情緒與影響:
運用行動與抱負,建立自我的王國與帶來希望。

事業　讓成功有討論的空間,學會信任自己與他人。

　　權杖國王出現時代表事情發展會成功,不過是有代價的,這份代價正是當事者付出行動且扛起責任的表現。穩定的權杖國王,可以領導自己的心向前進,但無法穩定的權杖國王,就活在火的暴躁情緒中,不斷思考未來的發展如何,不斷限制自己卻又不知道該怎麼做才好。拿到權杖國王,必須理性、冷靜下來評估自己的行動,且給予自己足夠的信任。除了信任自己,也信任周圍的人可以協助自己,有狀況發生時可以溝通討論,給予成功足夠的空間,而不是用自己既定的想法決定一切。

感情　先處理好自己的情緒,不用遷怒的方式去談感情。

　　在感情中,權杖國王跟大牌的皇帝有點像,都把事業看得十分重要,對於感情中的細膩程度比較無法拿捏,在討論、溝通時也比較沒有耐性。拿到權杖國王,會因為事業關係累積不少情緒,所以很容易有一觸即發的問題,但等情緒過後,又回到好像沒事的狀態,記得要用引導、鼓勵式的方式去調整關係,讓雙方不用等到情緒爆發才意識到問題,等自己冷靜時再來看問題在哪,這才是感情長久的關鍵之道。

建議牌

正位

　　覺知自己的慾望,可以保有「意識」的擴增。

逆位

　　是否可以信任自己去完成自己想完成的事情,也讓身旁的人協助我?

元素寶劍：風
人物元素：風

寶劍侍者

觀測風向達人

Keyword

資訊、學習快、容易被影響

基本解釋

兩個風元素的寶劍侍者，雖然只是站著，因為風元素的關係，會去不斷收集各種訊息、資訊，也不斷在盤算下一步是什麼。不過因為侍者是青年的角色，所以整體還處於觀望中，要經歷一段成長期才會有實際的作為。逆位時容易有跟風的狀態，順著風向但不知道自己為什麼前進，所以清楚自己的心是十分重要的。

事件帶來的情緒與影響：
感測風向，收集資訊。

事業 / 保持學習，增進耐心，亦能走出一條新的道路。

工作上寶劍侍者中還在學習的階段，不過這個階段是一個可以多方嘗試的狀態，且正位時只要放下成功與失敗，知道這個不適合自己，再換一個方向，這些都會成為寶劍侍者的養分。不過逆位時，雖然也容易學習，可是也因為學習快，很快就又被其他東西吸引，難以真正的專心，或是很容易被他人的想法左右，所以當寶劍侍者逆位時，需要問問自己，工作對於自己來說，自己想要獲得是什麼。

感情 / 運用跟他人的互動，去尋找自己真實需要的情感是什麼。

在感情中，無論正逆位的寶劍侍者其實還沒做好走進穩定關係的準備，因為這時交朋友對寶劍侍者是十分重要的、體驗生活也是。拿到正位的寶劍侍者大概還知道自己需要保持距離，不過逆位寶劍侍者，有時候會出自於「探索、好玩」試探性曖昧，而非真正想定下來。

而在交往關係中，寶劍侍者也象徵著關係中有一件事「正在」發展中，且雙方也在觀察彼此，收集雙方的感覺、態度，再做下一步的決策。逆位時，比較容易胡思亂想，需要好好坦白自己的內心，才能確認對方真正的想法。

建議牌

正位
收集資訊中，保持中立。

逆位
自己此時的內心是在收集資訊還是被他人影響，這些心中想的是真的想要的嗎？

寶劍騎士

元素寶劍：風
人物元素：火

> 為了什麼行動？找到自己的核心再出發也不遲

Keyword
♥♥♥
想要就要執行、衝衝衝、不在乎他人感受

基本解釋

　　風煽動火，讓火更加旺盛，這就是寶劍騎士。無論怎麼開始、會有什麼過程，對寶劍騎士來說都不重要，重要就是要風風火火的展開行動，所以在過於倉促的狀態下，許多時刻會有冒冒失失或是無法注意細節的狀態，導致結果會有許多缺漏。看似最快出發，卻在終點前發現自己沒有遵守規則，這可能就是寶劍騎士帶來的觀感。逆位寶劍騎士的前進會比較沒有章法，出現逆位時，記得調整自己的心，放慢一點也沒關係。

事件帶來的情緒與影響：
get 到感覺後，就火速出發。

事業　每一個行動，都試著先傾聽自己與他人的意見，再出發。

　　在事業中，無論正逆位都不算好的發展，寶劍騎士是個想到的就往前進的狀態，不會顧慮身旁人的感受，只在乎自己的想法是否能在當下落實。許多時候會想去行動，也是出於好高騖遠的狀態，或是看到某個誰的某個狀態，或得到了一些好處，只用片面決定事情。當寶劍騎士出現時，試著傾聽身旁人的感受，讓自己平靜後再做出選擇，不然冒冒失失，為了行動而行動，事後反而要請身旁的人協助自己解決過程中帶來的更多問題。

感情　「理解」是雙方關係的解套，不要乘一時之快。

　　在曖昧狀態拿到寶劍騎士，其實沒有想太多，單純因為某個片刻、或當下覺得十分美好就倉促發展，所以到發展成交往關係時，就會遇到許多衝突、不確定性。寶劍騎士也帶著一種說話有刺的氛圍，在爭吵時想到什麼就講什麼，比較不會去想這些話說出口之後的狀態。無論寶劍騎士的正逆位出現，都要想想兩人為什麼在一起、想想自己說了這句話會引發什麼反應，試著用「理解」的角度去探索關係，更有機會走得更長遠。

建議牌

正位	逆位
快狠準是一件好事，但也記得保持呼吸。	稍微放慢一點，或許傾聽一下他人的想法吧。

元素寶劍：風
人物元素：水

寶劍皇后

整頓好自己的內在，便能清晰洞見外在的世界

Keyword

決策力、明確的界線、懂得珍惜自己的任何付出

基本解釋

　　有風有水的寶劍皇后，雖然表面上理性冷靜，但因為還是皇后，所以需要面對的是有情緒的狀態。風吹在水面上，可以帶著水順流，但如果是一場颱風，那便是狂風暴雨，寶劍皇后在想法上、思維上願意去關注自己，更能在任何事情上，保持自己的沉穩。逆位的寶劍皇后會陷入自己的情緒風暴，對自己和他人都很嚴厲，逆位時記得適度放下批判。

事件帶來的情緒與影響：
找到自己與他人的界線，不去用框架設定他人的狀態。

事業　擁有標準是好事，但不能衡量事情的全面。

　　在事業中拿到寶劍皇后算是有自己的一套，可以理性分析，也可以有溫度地去關心他人，不過無論正逆位，都有一個自己的標準，對自己的標準高，但也可能拿著這個標準去衡量他人，當他人無法達到自己的標準時，就會陷入比較強烈的批判，或覺得自己是不是沒有做好。寶劍皇后需要明確找到自己的界線，即使擁有自己的標準，但也無須用標準看待所有人，這樣才能在工作中發揮自己最大的特質，而不是陷入一直評判他人的狀態。

感情　風的真正品質是溝通、諒解對方的想法，而非評判彼此的狀態。

　　在感情中，寶劍皇后雖然擁有風的溝通品質和水元素的包容體諒，但風元素在情感世界中，代表有許多自己的規則與規定，甚至有一些包袱。可以說拿到寶劍皇后在感情中對自己很嚴厲，但同時也對對方很嚴厲，即使想要發揮水元素的體諒，但由於風的屬性過重，會偏向不斷思考、不斷想幫彼此決定。寶劍皇后出現時，需要適度放過自己，哪些教條是不需要放在感情中的，哪些可以展現自己的脆弱，學習信任雙方是可以成長的，才是寶劍皇后這張牌在感情中需要學習的。

建議牌

正位
保持心中的界線，清晰做出決定。

逆位
讓混亂的心有所釋放，不過度擔憂未來。

元素寶劍：風
人物元素：土

寶劍國王

敞開心的學習，且不斷落實目標，
而不活在僵化的思維中

Keyword

冷靜理性、擁有成功目標、思維僵硬

基本解釋

　　寶劍國王是風加上土元素，算是比較尷尬的存在，一方面有風的靈活思考，一方面又需要在乎土的落實。寶劍國王是個對於想法、資訊、SOP十分在乎的角色，不過有時候也因為風元素會過度思考，如果無法落實，會產生卡住或僵持的情緒。也會因為過度理性、冷靜，少了人與人之間的交流，有時候會讓人際關係趨於弱勢。逆位的寶劍國王會認為自己的想法是絕對的，缺乏客觀。

事件帶來的情緒與影響：
透過過去帶來的成功模式，逐一調整，敞開心去學習。

事業　**保持學習的心，讓一切更為順流。**
　　在事業中拿到寶劍國王，雖然整體發展不錯，但做事風格有一套自己的SOP，有時是個阻礙。如果職務已經達到主管階級或老闆，可以掌握大局，但如果還在學習階段卻拿到寶劍國王，會需要調整自己的心態，因為他經由過去的經驗，已經理出一套做法，但那只適用於他而非所有人。無論寶劍國王在什麼樣的位置，持續保持「向風」一樣願意學習的姿態，會更加舒適。逆位時更會加深心裡「認為」該如何的狀態。

感情　**適度放下心中的想法，增加討論、溝通的空間。**
　　在感情中，寶劍國王算是四位國王中較不討喜的角色。如果還在曖昧階段，寶劍國王或許可以抑制心中「認定」的價值觀，也暗示這段關係未來有許多價值觀上的衝突需要面對，可以想想當前的狀態，再決定是否要進入關係。
在交往關係中，寶劍國王的衝突性是滿高的，無論正位還是逆位，因為寶劍國王象徵了一種「絕對論」，此時是沒什麼討論空間的。感情中的嚴肅狀態偏高，拿到寶劍國王要找到相處的頻率，必須找到雙方心中哪些「絕對」是需要放下的。

建議牌

正位	逆位
信任自己的判斷跟決策吧。	適度傾聽他人的想法，學習溫柔。

元素金幣：土
人物元素：風

金幣侍者

認眞學習，腳踏實地的前進

Keyword

耕耘、醞釀成長

基本解釋

　　侍者們中最認真就是金幣侍者,雖然有風元素的學習吸收,但因為本身是土元素,所以學習吸收資訊後,會認真去落實自己的想法,實際測試效果。但侍者是剛開始的階段,很多事情都在磨合中,至少這份開始是真正的接地氣。逆位的金幣侍者容易過度缺乏自信,或是學習明明足夠,卻覺得自己還需要「學更多」。

事件帶來的情緒與影響:
保持開放的心,穩定扎實的學習,帶往正向的發展。

事業 / 扎實穩定,一步一腳印去走出自己的人生道路。

　　在工作中拿到金幣侍者,是偏向學徒的角色,或剛開始學習的狀態,不過金幣侍者走的是落實路線,不會眼高手低(寶劍侍者逆位容易有此傾向)。金幣侍者出現時,保持敞開的學習心態,且逐步嘗試,就會看到不錯的發展。

逆位時有兩種狀態,金幣侍者是土元素的牌,會有自己的想法,有時候即使有更方便的道路,也會選擇用自己心裡想的嘗試看看,另一種則是,已經脫離學習的狀態,具備一定的價值,自己卻沒有看到。

感情 / 感知到自己的感覺,探索自己與外界的價值觀。

　　在感情中拿到金幣侍者,無論正逆位,除非有其他情緒類型的牌卡搭配,不然都代表對感情還在觀望,且更多時候重心放在工作,而非感情。

在交往關係中拿到金幣侍者,表示兩人的價值觀正在被雕塑中,無論已經長時間相處還是剛開始,都在探索雙方的價值觀。不過比起對比寶劍侍者的想太多,金幣侍者至少有實踐的能力,如果能好好探究價值觀,並且協調平衡,還是有機會長久發展的。

逆位金幣侍者,象徵關係中某一方掉入自己的「價值觀」中,難以溝通,若要繼續走下去,必須暫時對當下議題放手,讓他自己撞到牆學習轉彎,關係才有機會發展下去。

建議牌

正位	逆位
保持踏實的學習心態。	觀察此時的心態是學習夠了可以前進,還是無法進入學習的心態。

元素金幣：土
人物元素：火

金幣騎士

穩定可靠的好隊友

Keyword

穩定、耐心、毅力、卻步

基本解釋

擁有土元素的金幣騎士是四位騎士中最穩定的一個,有火的行動力,也有土的穩定性,凡事都思考過後才行動,也把未來可能發生的事情考慮進去,算是一個可靠的存在。金幣騎士逆位,會有過度理想化的可能,會因為這件事沒辦法預想未來,或是沒辦法預判導致無法前進。

事件帶來的情緒與影響:
保持耐心、毅力,才能心想事成。

事業 / **續航力持久,穩健發展。**

在事業中拿到金幣騎士,算是穩定長久的發展。不過如果本身個性比較急或是想快速看到成果,拿到金幣騎士就是考驗,因為這張牌代表長久穩定的成長,所以保持一定的續航力跟穩定性,也是金幣騎士的特點。逆位的金幣騎士則有行動力不足的狀態,這來自於對未來無法判斷,可能過去有一些失誤,金幣騎士的土元素,會陷入許久的自我反省。所以金幣騎士逆位,需要好好正視自己是否有過度自省的狀態。有時候要是不嘗試看看,又怎麼會知道結果。

感情 / **不過度思考未來的發展,活在當下,享受戀愛的火花。**

在感情中拿到金幣騎士,算是慢郎中的一張牌。曖昧關係遇上金幣騎士,騎士有火元素,代表關係一定有火花存在,但這是一個會需要思考未來兩個人生活、價值觀,甚至到長久發展的婚姻狀態,所以在曖昧階段,金幣騎士也在提醒,少想一點,有感覺就戀愛吧。

進入穩定關係拿到金幣騎士,算是滿中規中矩的,火花會少一點。逆位時需要稍微留意,金幣騎士有可能會因為在感情中的自信、價值低落,而無法表達自己,或把問題想得太過複雜。

建議牌

正位	逆位
穩定的前進吧,即使有些風險,有可以成功的。	大膽一點,帶著真心前進,必然有新的體驗。

金幣皇后

元素金幣：土
人物元素：水

> 看見自己已是皇后,不一定要競爭,
> 但需要學會為自己爭取利益

Keyword

♥♥♥

付出、包容心、誤判價值

基本解釋

　　金幣皇后是皇后的角色中最安穩的一個，少了權杖的風風火火，也沒有聖杯大起大落的情緒，金幣皇后就是默默在自己的位置，安穩照顧自己與他人。而且金幣皇后是土元素的，給予的照顧是偏向實質面、務實面的。逆位的金幣皇后，容易忘記自己付出了多少、忘記自己的價值，需要回來先好好照顧自己。

事件帶來的情緒與影響：
願意付出自我，但也小心別失去自我。

事業 / 可以親力親為，但無需低估自己。

　　事業中拿到金幣皇后，是可以撐起場面的一張牌。不過土元素相對在許多事情上，偏向不爭不搶，但這不是沒有競爭力，對於金幣皇后而言，做好自己該做的事情、在對的位置才是最重要的。金幣皇后擁有穩定的心理，知道自己的價值且不輕易與他人比較。

　　逆位的金幣皇后就比較辛苦，對自己的價值感偏弱，就算擁有良好的能力，但因為自己看不見，很可能會做得多得到的少，或無法拒絕他人要求，讓自己過度辛苦。逆位的金幣皇后，需要看到自己已經擁有多少價值，不需要接受所有人的請求和要求。

感情 / 看到關係中自我價值的必要性。

　　感情中拿到金幣皇后，是需要「正視」自己價值的一張牌。無論在任何關係中，也無論正逆位，金幣皇后都勇於付出，而且包括現實層面的付出。當拿到金幣皇后時，要問問自己，彼此的付出是否是平衡的，且在付出的過程中，是因為自己足夠了才去付出，還是害怕失去關係才做那麼多。

建議牌

正位	逆位
保持現有的速度，照顧好自己也保護好自己珍視的人事物。	正視自己的價值，你已經足夠美好了。

金幣國王

元素金幣：土
人物元素：土

> 物質可以提供安全感與可能性，
> 但不要只活在物質的世界中

Keyword

穩健可靠、有個人主見、發揮最大效益、在乎安全感

基本解釋

　　雙重土元素的金幣國王，有時候會讓人覺得有些小氣，但不得不說，金幣國王是個白手起家的國王，所以在開創新局面的時候，會想用最小資源去做，或是考慮很多未來的發展，所以進展得比較慢。但即使進展慢，這個角色整體會走得長遠，並發揮最大的利益價值。逆位的金幣國王容易在乎自己失去的，忽略自己已經擁有的。

事件帶來的情緒與影響：
步伐落實，但記得任何成敗都是暫時的，勇敢的往前吧。

事業 / **不去比較，用自己的步伐讓事業扎根，讓自己穩定前進。**

　　在事業中拿到金幣國王，算是成長比較慢，但可以發展長久的一張牌。金幣國王想學習的面向很廣，凡事都想透過自己學習經歷，當他願意以長遠規劃自己的時候，只要記得此刻的自己正在經歷、學習的，未來都會成為重要的資產，都得以發揮。

　　逆位的金幣國王，很容易為失敗的經驗糾結，而無法擴張或是面對新的可能與挑戰。金幣國王逆位會選擇活在舒適的安全感中，即使是由恐懼組成的安全感。他需要看見，失敗只是一個提醒，而非全盤皆輸。

感情 / **學會表達，更能讓關係融切，也能讓他人協助自己。**

　　在感情中拿到金幣國王，算是個悶騷的狀態，可能很難真正開口表達感情，但在行動上是願意付出的。不過金幣國王出現時，也代表關係中有一方十分在乎事業，而忽略雙方的互動。無論正逆位，即使關係穩定，都需要讓關係進行一定程度的交流。

建議牌

正位	逆位
保持開放的心，穩健的嘗試吧。	每一步都是新的嘗試，別被自己過去的經驗阻擋。

聖杯侍者

元素聖杯：水
人物元素：風

> 照顧好自己的情緒是成長的必經之路

Keyword

情緒豐沛、創意、小孩

基本解釋

　　風帶動了水的能量，讓聖杯侍者是個有趣、好玩的角色，很看重把自己放在什麼樣的環境以及跟隨什麼樣的人學習成長，畢竟有水元素，情緒感受十分重要，但也要有風元素的有趣，因此算是四位侍者中穩定性比較不足的。正位容易穩定性不足，逆位在處理事情上則比較幼稚與不夠成熟。

事件帶來的情緒與影響：
情緒的好壞是關鍵，關照好自己的情緒，一切就能順心。

事業 ／ 創意無限，記得重要的是維持續航力。

　　在工作中拿到聖杯侍者，十分看重環境與人，以及好不好玩、或是「感覺好不好」。當聖杯侍者在正位時，情緒穩定，在工作上有創意的想法，維持幽默的態度，不過聖杯的水屬性，會容易有情緒反應，心情需要被關照。逆位的聖杯侍者，依然具備創意，但更多時候會陷在情緒世界中，而且這些情緒在工作中會顯得很「個人」。逆位的聖杯侍者要有所成長必須克服情緒化，學會用理性分辨自己的感覺。

感情 ／ 多嘗試是好事，但不辜負他人的情感。

　　在情感關係拿到聖杯侍者，正逆位都有不太負責任的狀態，只要關係讓自己「感覺」不對，或是有一點挫敗，就選擇用半逃避的方式解決。當聖杯侍者出現在戀愛對象的位置，會需要想想這個對象在情感面是否成熟，自己可否接受對方有許多情緒問題。在交往關係中也是，正位時，至少還有機會可以溝通，或是等感覺過了，再慢慢溝通協調。聖杯侍者的戀愛有很小孩的一面，或許可以去挖掘自己在感情中最需要對方如何支持自己、陪伴自己。逆位時難度就相對高了，首先這些感覺、情緒有什麼沒來由，甚至有一方可能會合理自己情緒化的行為，也要詢問自己，這樣的戀愛到底帶給自己什麼啟發，自己在關係中可以調整什麼，還是要放手什麼。（看過不少逆位的聖杯侍者十分享受被喜歡的感覺，有不斷放線養魚的海王海后，也看過在戀愛關係中，除了伴侶，還有許多關係定位不明的曖昧狀態。）

建議牌

正位
保持彈性、開放，但記得為自己負責。

逆位
思考心中這份有趣有帶給他人困擾嗎？自己有逃避什麼事情和情緒嗎？

元素聖杯：水
人物元素：火

聖杯騎士

以退為進的守則，在乎自己與他人的關係和平

Keyword

溫柔細膩、包容、退讓、和平主義

基本解釋

騎士屬於火元素，而聖杯是水元素，水會把火澆熄，所以聖杯騎士看起來沒有像其他騎士一樣積極，原因出在他要吸收消化自己與他人的情緒。聖杯騎士在行動前，要考慮自己的感受、他人的感受，相對而言就較為退縮。聖杯家族都要把搞定自己的情緒放在最優先，情緒好，一切就OK。逆位的聖杯騎士會十分在乎外界的觀感，如果意識到他人有不開心、不喜歡自己的狀態，就容易封閉自我，或是過度檢討自己。

事件帶來的情緒與影響：
平衡理性與感性，才能真正到達目的地。

事業　顧全大局固然是好事，但也需要為自己的理想付出行動。

在事業中拿到聖杯騎士，如果在輔佐的位置，是個很好的狀態，因為聖杯發揮水的效益，會考慮身旁人或整體的局勢。但要是放在需要主動積極的位置，就會偏弱勢，因為聖杯騎士更多時候的重點在於這件事帶來的感受如何，感受是非理性的，所以在行動前會考慮過多。逆位時「想太多的狀態」會更嚴重，多半是在想自己真的可以嗎？別人怎麼看？這樣做會是好的嗎？也因為想太多，而導致實際執行力降低。

感情　勇敢一點，卻確認、追求自己想要的情感吧。

在感情中拿到聖杯騎士，會是個好的曖昧對象，卻不是最主動的那個。在交往關係中拿到聖杯騎士，如果想順利發展，必須化被動為主動，關係才會有進展。順帶一提，聖杯騎士在表現情感時，會因為不想有紛爭，而用逃避的方式面對問題，除非有一方主動、理性、給予空間看待這段關係，關係進步的空間才大。

建議牌

正位	逆位
此刻的行動、狀態都是適合這個當下的，不去質疑自己。	在考慮他人之前，首要是自己的意願才是重點，為自己出征吧。

聖杯皇后

元素聖杯：水
人物元素：水

用愛感化世界的存在

Keyword

愛、同情氾濫、活在過去美好與傷悲

基本解釋

雙重的水元素，讓聖杯皇后的情感更豐厚，比起其他的皇后，聖杯皇后在乎自己捧的聖杯，自己的情緒、感覺。聖杯皇后在能好好照顧自己情況下，可以給予身旁的人極大的愛與關懷，但這樣豐沛的情緒，要是不小心同情了誰、不小心被辜負了，或許對其他角色來說沒那麼大的影響，但對聖杯皇后來說就是重大的生命體驗。逆位時聖杯皇后有滿滿的情緒，可能跟一段時間的壓抑、委屈有關，學著釋放自己的情緒吧。

事件帶來的情緒與影響：
懂得跟自己相處，當自己可以照顧自己時，亦能給出不同凡響的愛。

事業 ｜ 現實與理想的差距，看到自己可以努力的部分。

在事業中，其實走到皇后牌都有一定實力跟能力，但相對於其他皇后，聖杯皇后在事業上偏弱勢，這個弱勢來自於想要大家共好，不過真實的世界中，共好是一種理想。聖杯皇后在工作前期會先看到理想與現實的落差，在落差中找到自己的可以努力的面向，整頓完自己，就能發揮自己「愛」的魔力，感染身旁的人。不過逆位時，容易深陷在某些傷心的情境中無法走出，需要看到即使自己充滿愛，但要把愛放在對的位置上，珍惜自己、尊重自己的界線與底線。

感情 ｜ 愛能拯救這個世界，但聖杯皇后需要在愛裡找到付出的界線。

在感情中拿到聖杯皇后，很容易把愛情放在人生的第一順位，無論正逆位，在還沒成熟前，容易把對方的煩惱、人生課題都拿過來自己煩一煩、焦慮一下。聖杯皇后在感情中需要學會找到自己付出的界線，也需要學會自己並非拯救者，以及好好照顧好自己，學會跟自己相處，更能讓感情成熟穩定，也更能給出恰當的愛。

逆位的聖杯皇后在被辜負後，雖然不至於去傷害他人，但會陷入「為什麼發生這種事情？自己做錯了什麼？」等苛責自己的情緒。不需要檢討自己，但要知道身邊除了愛情，還有親情、友情等各種存在，把重心拉回自己身上，好好愛自己，才是最重要的。

建議牌

正位	逆位
時刻觀察自己，越能照顧好自己，越能看見自己可以發揮的事。	在給予愛之前，我有好好愛自己嗎？我有尊重自己嗎？

元素聖杯：水
人物元素：土

聖杯國王

面對自己真實的情感，才能好好追求理想

Keyword

責任、孤傲、封閉、逃避

基本解釋

聖杯家族來到最後一位國王的位置，相對於其他角色，由於是土元素，在情緒的糾結度「看似」沒有這麼高。聖杯國王是個很願意扛責任的角色，大多時候他的情緒都選擇放在心裡，平衡的狀態是自我消化，而逆位的聖杯國王則是會在其他面向找到自己的情緒出口，不是面對問題，而是逃避問題，可能會有上癮的狀態。

事件帶來的情緒與影響：
即使能力實力在線，但學習與他人互動、信任他人是重點。

事業　學習信任他人可以協助自己，是為自己事業加分的關鍵。

到了國王，在事業中都有一定的成就與發展，不過聖杯國王有個缺點，他是漂浮在海上的，這位國王比起信任他人上更願意相信自己，某些層面的情感也不願意暴露，所以選擇默默地承擔。逆位時，會變成不僅無法信任他人，還扛了許多不屬於自己的責任，再加上孤傲的姿態，即使工作在外界看似美好，但內心實質煎熬。聖杯國王需要學會適度表達自己的情緒，讓周圍的人協助自己。

感情　不成為孤島，好好面對自己的脆弱，讓關係成為相互的依靠。

在感情中拿到聖杯國王，正位時要發展一段穩定關係是機會很大的。不過聖杯國王也因為有土元素，會把兩個人的工作、生活、價值，放在一起思考，會經過審慎考慮才走進一段關係。也可能意味著，他習慣自己思考、自己想、自己扛責任，許多時候這樣會讓關係失去彈性。當聖杯國王出現時，重要的是好好溝通、不逃避問題，或許有一方比較無法表達，作為傾聽方的人，是能讓關係走向更安定的關鍵。

逆位的聖杯國王，會因為過度思考、不理性的分析，導致在關係中覺得自己不被理解，身旁如果出現理解、關心自己的人，就可能走向三角關係。他需要搞清楚，自己在關係中的位置是什麼，以及透過不健康的三角關係尋找情緒出口，會帶給自己更多困難。

正位	逆位
相信自己，也學著信任他人。	我願意讓他人看見自己的脆弱、信任他人可以協助自己嗎？

Chapter 5 占卜準備及牌陣

新手上路：從洗牌到抽牌

通常我們拿到一副塔羅牌要準備開始占卜，最重要的儀式就是從洗牌到抽牌。洗牌時，提問者需要將牌卡全部打散，邊在心中詢問問題，這也是讓提問者的心靜下來的時候，準備好了，再將所有牌卡整理成原來的狀態。這時用非慣用手切牌，將牌卡切成一疊再疊回去，再將牌卡推成可以抽牌的狀態，儀式就完成了。而正逆位要怎麼看，我會以我的面向為角度，我看過去是正位即是正位，如果是逆位則是逆位，但你也可以設定成是抽牌者的角度，沒有絕對，只要自己內心先設定好即可。

此外在解讀過程中，除了基本的牌意，也可以加入自己當時的直覺，因為解讀時就是知識加上直覺兩者併用。記得多與塔羅牌相處，就越能理解牌卡要傳達的意思，也建議嘗試跳脫二元對立，放下用是非對錯的方式去看待自己的問題，畢竟在人生中，沒有任何一條路是不適合的，我們都可以在自己的選擇中，有所學習。

★ 要如何問問題？可以重複問同個問題嗎？

基本上在問問題時有一個盲區，就是把問題設置成二分法，答案只有是與否，其實這樣運用塔羅很可惜。比如說，今天如果是問能不能錄取這

間公司?代表是想要進入這間公司的,而我們可以調整成該用什麼心態去面試這間公司,提升成功的機會,那回答時,就會出現如何提升自我的答案,而不是被是與否綁住了。

再舉一個例子,比如在感情中,最常遇到的就是要不要分手、要不要繼續在一起的問題,但會問這種問題的人,無論是自己還是他人,心中都有一定的想法了,與其把重心放在要或不要,不如放在當下該如何去面對這段關係。問題回到自己身上,就可以進行調整。塔羅的重心不是在回答是與否,而是讓問題回到自己本身。在這個世界中,每個人都要為自己情緒、想法負起責任,而抽塔羅牌就是一個大大的提醒,告訴自己,該如何回到自己身上,去調適自己。

而且我是十分不建議重複問問題的。因為許多人其實是想要在塔羅師身上找答案,殊不知答案其實就在自己身上,所以當答案不是自己想要的時候,就一直問,越問越混亂。重複抽牌的狀態,其實都只是反應當下的情緒,而非真實的指引,但當下的情緒也很重要,如果能透過這次情緒接住了自己,那答案就在自己內心中。

如何使用牌陣

使用牌陣時,其實要有一個觀念,每張牌的含義可以很多很深,但在學習解讀的階段,或許只能片段的解析,或是用關鍵字。但並不是抽越多牌越好,而是知道自己在某些牌卡中還有盲點,可以先把盲點筆記下來,之後再觀察自己的日常與真正發展的狀態。

這裡並沒有介紹用太多牌的牌陣,可以先透過簡單的一張、三張做練習,越是單純的牌陣,越能帶出核心的議題。

單張抽牌

適合狀況:單張牌十分適合自我提醒,尤其是初學者,每天抽一張或是每週抽一張,甚至每月抽一張,可以作為給自己的提醒。但如果要以單

張牌論整件事,需要明確知道,牌面上的優勢與劣勢以作為判斷。

日記解讀:作為日記是一個很好的練習。起床後,可以為自己抽一張牌,但不用馬上做出「今天可能會發生什麼事情」的判斷,晚上可以去感受看看今天發生了什麼,讓牌卡上的知識轉為實質的經驗。有時候會發現,牌的指引可能是實質的事情,也有可能是情緒上的狀態。

解讀單張牌卡的優劣勢是十分重要的,不然就會單純用好牌與壞牌判別一件事。

★ 案例:今天的狀況如何?

牌卡:塔

初期很推薦大家用塔羅寫日記。塔羅牌中雖然有明顯看起好與不好的牌卡,但是深入後會發現,每一張看似好的牌,還是有要注意的地方,看似不好的牌也有轉折點,跟大家分享一個塔的例子。

過去在占卜店工作時,某天的預約比較少,我閒來沒事幫自己抽了一張當日的牌,結果出現塔牌。不過那時我心想,今天預約少少的,會發生什麼呢?

結果來了一個心情看似很不好的新客戶,問的都是工作的面向,也很剛好答案都不太是她想要的,於是在結束時,她拋下一句:「老師,你牙齒這麼暴牙,不戴牙套嗎?」當下我非常震驚,不知道該怎麼回答,只好快快完成收尾,跟這位客戶說再見。塔就這樣發生了,當時我也因為容貌焦慮,諮詢了許多牙醫,沒想到就立刻出現,重擊我的內心。不過事後想想,面對對方的直白,當下如果我是有自信的,其實就會覺得沒什麼,或是回擊,但因為非常在意,反而讓心中的塔崩塌。不過也因為這樣,事後認真面對要不要戴牙套這件事,也算是直面自己內心的想法。

★ 牌卡要不要淨化？

牌卡要不要淨化，基本上我是覺得都可以，有的人重視儀式感，有的人則覺得還好，但比起牌卡要不要淨化，更重要的是，占卜完自己需要淨化。畢竟占卜算是能量工作，而能量非肉眼可見，科學一點來看，占卜時會耗費大量腦力，所以許多占卜師結束後都會很想睡。好好睡覺、好好吃飯，就是一種淨化，此外也可以透過運動，讓自己身體的能量、情緒有所流動，都算是淨化。

新手需要留意，掌握自己可以面對的個案數量，每個人的狀況不一樣。發現自己有任何不舒服（情緒、身體上），就需要好好休息一下。

時間之流（三張）

適合狀況：看見過去、現在、未來的時間之流牌陣，適用於任何事。過去位置，是透過去的狀況，覺察曾經有什麼事件，帶到當下的問題，而未來位置，是三到六個月的推測。這裡要留意，未來的牌，代表的是一種提示，若是好的發展，則可以順水推舟，若反之，就是提醒，以及如何克服。

（時間之流也可以衍生成三個月的運勢發展。）

1	2	3
過去：來自過去發生的事件，也有可能是創傷，甚至遠至原生家庭的影響。	**現在**：當前直接的狀態。（新手可以直接從現在的狀態解讀。）	**未來**：當前狀態的衍生，作為提醒。

★ 案例解讀

A 當前有一份工作，正在思考工作的未來性，是否要繼續？

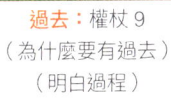

過去：權杖9　　　　現在：權杖6　　　　未來：金幣侍者
（為什麼要有過去）
（明白過程）

解讀時，首先可以看牌卡的元素，目前元素為權杖（火）元素居多，也象徵當事者是行動派，或是個性較為急躁。再來，我們從當前的狀態權杖6切入，權杖6有種勝利的感覺，可以看到當事者目前工作還算順利，但過去是權杖9，是個負傷累累卻繼續前行的人，所以從過去到現在，當事者似乎遭遇了什麼困難，這也是我們在解讀時可以切入的點。

看到未來位置，變成一張土元素的金幣侍者，這張牌很重要，因為金幣侍者是金幣牌的學習牌，所以也代表一種開始學習的狀態，而且金幣侍者是正位，也代表有新的可能性到來。

這裡出現第二個切入點，現在位置的權杖6是張得到勝利的牌，而怎麼從勝利的情緒走到再度學習，就是其中的關鍵。當事者的問題是現在工作的未來性，是否要繼續？關鍵就在於學習，如果當事者願意用學習的心態，就代表這份工作可以繼續。

要不要開牌?

所謂的開牌,就是買一副新的塔羅牌卡後,把大牌都拿出來,進行第一次洗牌,再為自己抽一張牌。開牌偏向一種儀式感,有時候我會把開牌時抽的那張牌,當作在占卜時要展現的態度。比如在我開牌抽到正義牌,那我就會在占卜時,明確說出整體的狀態,而非只是安慰客戶。當然有些話不是那麼好聽,這時學習說話的藝術就是很重要的事情。

如何增加解讀功力?

初學者剛開始解讀,可能會背關鍵字,或可能要翻書,這都沒關係,都是一種練習。每一次練習都能讓自己更進步,但也要記得,在占卜時,我們給予的是方向跟指引,而不是為他人負責任。占卜者與被占卜者都要知道,每個人都要為自己的選擇負責,占卜師也需要對自己說的話負責,所以抱持客觀的狀態是十分重要的。隨著時間推進,會接觸到不同的問題,也可以讓牌卡衍生到自己的生活,或在閱讀、追劇時,時時聯想到塔羅,能更加深塔羅與自己的意識連結。最後要記得,占卜最終都要回到自己的內心,誠實面對自己。

關係牌陣(三張)

適合狀況:適用於任何人際關係,無論愛情、友情還是家人關係。當事者要看到自己的的心態、對方的心態,以及可以如何調整。在關係牌陣中,第三張牌會預示之後發生的事情,透過這樣牌也可以得知,關係可以如何調整。

註:在關係牌陣中有個重點,當事者可以知道自己與他人的關係,但無法透過牌卡去了解他人與他人之間的關係,雖然從牌卡中可以看出端倪,但探測他人的隱私,不是占卜的本意。

1	**2**	**3**
當事者狀態（當事者內心的想法、感覺、情緒。）	對方的心態（對方此時的心態、感覺、情緒。）	發展與建議（可以如何調整心態。在發展上沒有絕對的好壞，只是一個提醒。）

★ 案例解讀

跟目前的曖昧對象有機會發展成情侶嗎？

註：在占卜時，我都會先詢問兩個人目前是否有聯絡、關係互動如何，作為初步的了解。要記得占卜並非通靈，就像我們去看病時，醫生也會問我們怎麼了，所以初步瞭解基本狀態是很重要的。

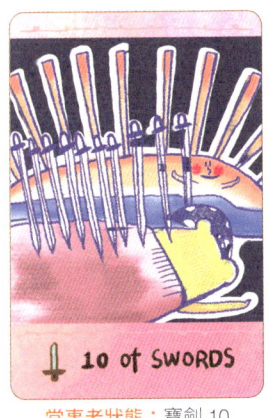

當事者狀態：寶劍 10	對方的心態：皇后逆位	發展與建議：權杖 4 逆位

開始的切入點是當事者的寶劍 10，什麼樣的狀態讓他的情緒陷入了膠著不安，甚至沒有希望的狀態？這邊看到一個很特別的點，對方的心態是皇后逆位，在解讀的時候，假設當事者是女生，而男生的心態是皇后，代表可能是男生的狀態被女生影響，所以皇后逆位的狀態，更是代表女生的寶劍 10，讓男生陷入皇后逆位代表的無法放鬆。

　　而建議牌是權杖 4 逆位，權杖 4 乍看還算是有機會發展，但因為是逆位，要走到情侶關係雖然有機會，但最關鍵的點在於當事者的寶劍 10，是否可以放下過去或情緒，理性看待關係，讓關係有彈性、有空間，那就大幅增進兩人交往的機會。

Chapter 6

新手占卜師練功區

新手占卜到底要不要收費？

當你還是新手時，一定需要練習、需要經驗，在這個時間點會建議可以不用收取金錢，但至少可以交換一項東西，比如一些零食、小禮物。這樣做，可以讓自己的付出處於一個比較平衡的狀態，因為許多時候，如果少了交換這個儀式，很容易被他人濫用。所以記得即使是初學者，我們也可以被回饋，當事者的一些小禮物就是回饋。

多久可以開始收費？要收多少？

多久可以開始收費是個因人而異的問題，我建議當你覺得自己占卜的品質值得收費了，那就可以開始收費。而收取多少費用，有些人採用單題收費，有些人採用時間收費，找一個適合自己的即可。

比如，我以前在占卜店工作時，店家就是採用每十分鐘收費的計費方式，也就是問多久收多少。不過這也存在一個問題，有些客戶會指定用多少時間占卜一個項目，多少時間占卜另一個項目，但占卜時間這件事無法百分百精準控制，有時候一個問題會牽動客戶其他問題或狀態，我們要記得這並非全在自己可控的範圍內，先告知客戶，與客戶溝通都是很重要的。

我個人目前是採用單題的收費方式，因為對我來說，解決一個問題比時間長短更為重要，但每個人不同，所以選擇自己喜歡的就好。

去哪可以找到客源，一定要做自媒體嗎？

過去沒想過占卜可以在線上進行，都是實體比較多，不過物換星移，世界的運作不同了，過去可能要在店面或市集中才能遇到真實的客戶，開發客源，但現在網路十分發達，只要你願意練習、嘗試，都會有「人」願意找你占卜。唯一要記得的是，你的心態很重要，客戶的回饋準不準還是其次，更重要的是當下你是否投入，是否認真解讀？如果是，那就單純一點看待回饋，別把自己變成一個「只有準確標籤」的占卜師。

此外，新手上路時，非常建議可以從認識的人開始，也建議可以面對面占卜。原因是，占卜也需要溝通，占卜師需要的基本資料，以及可以觀察當事者的姿態、神情等，有些時刻其實當下牌上的訊息都有對應到，但當事者可能還沒進入狀況，此時他的眼神、動作，可能都會隱藏了當事者有什麼不想被發現的狀態，透過這些觀察，也能加深自己對於牌卡、人性的洞察。

現在塔羅自媒體百家爭鳴，我自己也有在經營，是否要經營自媒體最終要回到一個重點，就是你是否喜歡分享、喜歡經營社群？如果答案為否，也並不代表你無法做起來，因為自媒體對於任何事業體系都是加分，但不是絕對。回到身心靈這個行業的初衷，當你準備好去服務個案，也採取了行動，自然會有自己的生存之道。

需要學習各種身心靈工具嗎？

關於這題，我個人的建議是都可以嘗試，最後找到你的心之所向。過去十年中，我學習過占星、易經、紫微斗數、手相，學習的過程雖然是開

心的,但回到服務客戶、個案,我個人還是最喜歡占卜。但這些工具也讓我知道,找到一個屬於自己的學習之道更勝過什麼都學,不同的課程會有不同練習、學習方式,同時也可以找出自己要怎麼運用這些工具、自己學習時習慣用什麼方式。比如以我個人來說,我最喜歡就是每天記錄,一週可能看不什麼,但持續記錄,一年後會發現自己成長了不少。因為自己也喜歡追劇、動漫,也會找出牌卡與這些劇本或人物角色的對應之處,更能增加學習的經驗。

最後,祝福大家,透過占卜、透過任何工作,都能認識自己、覺察自己、接納自己。

塔羅解讀入門課
上萬個案經驗集結,來自安妮奇異星球的內在指引練習

作　　　　者	馮珍萱(安妮)
封 面 設 計	莊謹銘
內 頁 排 版	賴姵伶
行 銷 企 劃	蕭浩仰、江紫涓
行 銷 統 籌	駱漢琦
營 運 顧 問	郭其彬
業 務 發 行	邱紹溢
副 總 編 輯	劉文琪

出　　　　版	地平線文化
	漫遊者文化事業股份有限公司
地　　　　址	台北市103大同區重慶北路二段88號2樓之6
電　　　　話	(02) 2715-2022
傳　　　　真	(02) 2715-2021
讀 者 服 務 信 箱	service@azothbooks.com
臉　　　　書	www.facebook.com/azothbooks.read
網 路 書 店	www.azothbooks.com

發　　　　行	大雁文化事業股份有限公司
地　　　　址	新北市231新店區北新路三段207-3號5樓
電　　　　話	(02) 8913-1005
傳　　　　真	(02) 8913-1056

初 版 一 刷	2025年1月
定　　　　價	台幣520元

ISBN　978-626-7623-00-8
有著作權・侵害必究(Printed in Taiwan)
本書如有缺頁、破損、裝訂錯誤,請寄回本公司更換。

國家圖書館出版品預行編目(CIP)資料

塔羅解讀入門課:上萬個案經驗集結,來自安妮奇異星球的內在指引練習/馮珍萱(安妮)著. -- 初版. -- 臺北市:地平線文化,漫遊者文化事業股份有限公司出版;新北市:大雁文化事業股份有限公司發行, 2025.01
　面；　公分
ISBN 978-626-7623-00-8(平裝)
1.CST: 占卜
292.96　　　　　　　　　　　113020029

https://www.azothbooks.com/
漫遊,一種新的路上觀察學

漫遊者文化　Azothbooks

https://ontheroad.today/about
大人的素養課,通往自由學習之路

遍路文化,線上課程